搬起石頭砸頭

——中國大陸時事短評一○○篇

▲（二○○五～二○○八年）

一位大陸知識份子對於中國公領域的想法，

力求「批判權力，伸張權利；闡釋觀念，分析事理」

邵建・著

序

這是我四年來時評類文字的一個小集（2005-2008年）。

寫時事評論是一個偶然的機緣，後來成為我介入公共領域的一種方式。本來是一篇網文，但年輕的紙媒朋友幫忙發在了《南方週末》上（即本書第一篇〈從「正義感」到「正義理性」〉），於是就開始往下寫。幾年下來，集了這麼一些。回過頭去，發現這一百篇文字大致可以用十六個字概括：批判權力，申張權利；闡釋觀念，分析事理。

中國是個缺少權利的國度，過去如此，現在依然。權力的缺乏緣於權力的過盛，一個權力過度卻又缺乏權利的國家，由它所體現的制度症候，表現在此刻下，雖然有了一定的言說空間，但這空間依然很逼仄。因此，在有限的空間中，追求公共性的文字表達，是我這幾年來的活計，即以文字的方式顯示權利，並以此和權力博弈。我憎惡權力，但我不是無政府。權力的存在，在我看來有其必要，但並不妨礙我同時認為它性「惡」，比如它有侵犯權利的本能。因此，知識份子對權力應抱充分之警惕，並以批判為職志。這樣的批判是從權利出發同時也是為了權利的。

時評文字忌表態，本人未能倖免，但還是注意儘量回避。不就事論事，努力學會就事論理，此理大抵不脫自由、理性、法治、憲政、公正、民主、多元等。這樣一個價值譜系，帶有普世性，但卻是我們這個社會中所匱乏。生活在其中的人，哪怕為了自己，也要為之努力。然則個人能量有限，只能以如此不甚得力的文字聊盡綿薄，抱愧不已。

中國有句老話「搬起石頭砸自己的腳」，意謂自作自受。2007年《南方週末》有一篇報導，題目為「搬起石頭砸天」。報導的內容是一個地方黨校的畢業學員狀告中央黨校，官司自然無果。由於此舉針對中央黨校，所以題目很形象地擬為「搬起石頭砸天」。「天」，權力之謂也。當時我亦寫了篇同題評論，無以發出。這次編輯文章時，想自己的文字既以批判權力為主，用它作書名，倒也相宜。但，轉而想到，搬起石頭砸天，天不會落下來，石頭卻會落下。落到哪裏，自己頭上。這比仰天而唾更不堪，索性以此為名，用以自嘲，亦以自狀。

再次感謝臺北的蔡登山先生和秀威出了這本小書！本書的讀者當在大陸，但它目前只能隔海出版。噫吁嚱！書有自己的命運，人也一樣。

2009年2月13日晚

目錄

contents

搬起石頭砸頭-2007年

搬起石頭砸頭-2008年

搬起石頭砸頭-2005年

從「正義感」到「正義理性」

在「真名網」的「讀書心得」裏，網友周澤雄發了一個有關「憤青」的貼子，我很認同，便跟了一貼，認為「憤青」還有幾個特點，其中一個是「有正義感但缺乏正義理性」。一個網友發表不同意見，說「『正義理性』我有點理解不了，正義還分理性和非理性？堅持正義一般都要付出代價，如果一『理性』往往就不會去堅持了。」

我在跟貼中舉了最近的「憤青」的例子，就是前不久發生的兩位大學青年教師砸王直墓一事。這一事件，在我看來，就是典型的「有正義感但缺乏正義理性」。

砸墓的動機我不窺測，我只揀最能擺上桌面的。事者「認為王直不僅是一個倭寇，還是個漢奸，就萌生了去砸墓的想法。」假如事因確實如此，事者的正義感便不必懷疑。正是在對倭寇和漢奸雙重憎惡的驅使下，事者用斧子和榔頭完成了砸墓的舉動。然而問題在於，撇開對王直這個歷史人物的不同看法，假如王直真的就是一個倭寇和漢奸，兩個年輕人就可以「私自」用斧子和榔頭去砸嗎？誰給了他「法外」砸墓的權利？可以說，這裏的砸墓和對砸墓的質疑，就是正義感和正義理性的分際。

正義感，該詞的落點不在正義而在「感」。感者，從心，是人的情感和情緒的衝動狀態，這樣的狀態，常常偏於理性之外。轉從認識角度，感，儘管也是一種知，但卻是「感知」，它尚未達於更高層次的「理知」，即對對象的理性認知，因而是一種樸素的前理性。正義理性不同，它不是情緒主導，而是理智主導。它不但要用理性審視所謂的正義，即「誰的正義」，還必須關注正義的實現方式。

即以上述事例而論，事者是在「正義」的衝動下完成砸墓行為。可是，在正義理性那裏，砸墓的「正義」卻是事者自己認為的正義，就像當年紅衛兵砸「四舊」也是出於他們自己認為的正義一樣。「正義感」的正義並不可靠，各人的感知不同、看法不同，正義也就不一樣。比如，砸墓者認為自己是正義的，我就無法苟同。正義理性呢，它強調的不是某個人的正義，而是公共的正義。正義本身就是一個公共語題。（公共的）正義不是簡單地出自個人意見上的「我認為」，它需要在往復討論的基礎上達至理性的共識。

更重要的是，正義理性強調的不是正義的動機，而是它的實現方式。動機正義與否，誰也看不見，能看見的就是實施它的手段及其導致的結果。在這個意義上，不是因為正義就可以砸，而是砸本身就不正義。如果我們認為文革中紅衛兵「砸四舊」是一種野蠻行為，並且不管它出自什麼動機；那麼，砸王直墓亦可作如是觀。砸墓作為一種情緒發洩，由於它的非理性、反文明、甚至非法，就註定了它哪怕確實出於正義感，但方式本身就顛覆了它原有的正義性。在我看來，砸王直墓就是這樣一個典型的非正義事件。在一個文明的和法治的社會，我們不可想像，它會用「砸」的方式來解決正義問題。

至於那位朋友質疑「正義還分理性和非理性」，是的，正義不分理性和非理性，因為它本身就是理性的，而且必須是理性的。羅爾斯的《正義論》就是從理性角度討論人類社會中的正義問題。因此，從根本上說，正義就不是一個「感」的對象而是「理性」的對象。正義感的情緒衝動往往導致它的非理性，因為情緒尤其是偏激的情緒，不僅是人類心靈中的極權狀態，而且它更經常地導致不擇手段。正如魯迅所說：「我以為只要目的是正的——這所謂正不正，又只專憑自己判斷——即可用無論什麼手段。」此話的可怕在於，當一個人認為自己的動機是正義，又因了這正義而不問手段時，人世間什麼恐怖的事都能做出來，而且振振有詞。應該說今天王直墓的事件如此，當年砸四舊甚至毆打他們老師的紅衛兵，又何嘗不是如此。

「正義感」對我們來說，是一個由來已久的概念，長期以來我們已經習慣把正義交給自己的感覺，並且把這兩個詞緊緊地扣在一起，而未察其間潛伏的危險。相形之下，「正義理性」卻是一個我們至今還很陌生的概念，至少，我們還不習慣使用它。唯其如此，我們需要在正義領域內引進這個概念、聲張這個概念，並逐步去熟習它，讓它主導我們對正義的認知、制約我們有關正義的行為。

因此，不排斥正義感，但努力學會從「正義感」走向「正義理性」，這不僅是正義本身的需要，也是我們自己的進步。

公民與「公民寫作」

《雜文選刊》2005年1月號（下）有鄢烈山與記者的對話，題為「一個公民的雜文寫作」。對話中提及「公民寫作」的概念，在網路世界引起了討論，但批評者居多。

鄢烈山認為：「公民寫作」是一個很好的概念，它沒有「平民寫作」的自我標榜意味和民粹主義嫌疑，也沒有「啟蒙」、「知識份子寫作」的自命不凡和精英主義嫌疑，……『公民寫作』要求作者有自由的心態、平等的觀念以及法治、人權、憲政等現代意識，清醒地體認到自己作為一個公民，依法享有思想自由、言論自由，有參與國家與公共事務管理的權利，可以是我所是，非我所非。」但，一些批評者認為，沒有「公民」，哪來「公民寫作」。而「公民」只產生於「公民社會」和「公民時代」。

什麼是「公民」？公民是和自然人對應的一個概念。如果在當今文明社會，一個自然人自然就擁有「人權」的話，那麼，「公民」的概念則表示他（或她）按照法律應當擁有「公民權」。沒有公民權的人不是公民，或者是偽公民。

那麼，什麼是「公民權」？它是和人的「自然權利」（這大部分是「人權」的內容）相對應的一種政治權利，這種權利主要體現在公共領域。一個人就其生活領域而言，可以一分為二，一是「私人生活」領域，一是「公共生活」領域。在私人生活領域，人的權利或人權大致有生命權、生存權、財產權、遷徙權等。在公共生活領域，公民的政治權利如果按照當年孫中山的三民主義，它應當是公民的選舉權、罷免權、創制權、複決權等。當然，有些權利是交叉的，如言論自由的權利，既可屬私權，又可屬公權，它要看你言論的內容是什麼。

在邏輯上，沒有「公民社會」，就沒有「公民」，而沒有「公民」又談什麼「公民寫作」。但，一味邏輯，有時不免陷於「我執」。按此推論，則不難反制，在公民權利尚未兌現的時代，你就不認為自己是公民；那麼，在人的權利也沒有兌現的時代（這兩者幾乎是同步的），你就不認為自己是「人」？因此，「公民」有兩解，在公民社會公民是一種身份，在前公民社會公民則是一種自我體認。後者不是阿Q，而是未來公民社會的精神先導。在精神上，「我」就是一個公民。假如「我」意識到自己的公民權尚未兌現，那麼，公民寫作於「我」，就是申張權利的工作。公民社會不是從天上掉下來的，公民權利也不是什麼人恩准的，它們的形成與獲得，是擁有「公民意識」的人積極爭取來的。而「公民寫作」不妨就是積極爭取的一種方式。

因此，在公民權利尚未兌現的時代，公民寫作不僅是可能的，也是必要的。這樣的寫作，既是為公民的寫作，即從前公民走向公民；也是通往公民社會的寫作，讓公民時代在自己的努力中誕生。刻下，公民寫作不必是一個口號，也不必是一面旗幟，更不必是一種排斥，作為多種寫作中的一種，它是且僅是個人的價值認領。一個人選擇了它，就選擇了一份責任和義務，於是便以公民的自覺在公共領域內發言。它，可以是建言的，也可以是批判的；可以面向公眾，也可以面向體制；可以是時評，也可以是隨感。如果它沒有什麼不可以的話，那麼，它唯獨不可以背離這樣一種理念，即「為了公民的和人的權利」。

二十世紀「公民寫作」的先賢應該是胡適，他堪以成為今天公民寫作的資源和範導。1929年，甫統天下的國民黨以「黨治」行「訓政」，這樣的時代顯然是一個非公民的時代。面對公民的和人的權利的雙重闕失，胡適等以「人權論戰」抗爭。論戰中出版的「人權論集」正是典型的公民寫作。在那個「權力壓制權利」的時代，胡適和羅隆基的文章緊緊圍繞「人權」和「公民權」而展開。不僅理性地展開，而且以法律和制度為其解決問題的訴求。這從他們的題目就可看出：「人權與約法」、「論人權」、「我們什麼時候才可有憲法」、「我們要什麼樣的政治制度」、「對訓政時期約法的批評」……。胡適的《人權與約法》是這場論戰的第一篇，它直接就是從法律角度向黨國體制聲張基本人權。這樣的句子應該是警句了：「今日我們最感痛苦的是種種政府機關或假借政府與黨部的機關侵害人民的身體自由及財產。」

需要一提的是，胡適「人權論戰」性質的公民寫作，當時遭到左右兩種勢力的圍攻。一是國民黨體制的輿論打壓，這不奇怪；一是魯迅、瞿秋白等文化左翼的抨擊，這也不奇怪。前者不論，後者則在於他們的理念根本就不一樣。在魯迅晚年所信奉的以階級論為主導的價值體系中，是沒有也不會有「公民」概念的，因為公民不分階級。另外，不妨注意一下這個細節，胡適的政論寫作無不署真名，而魯迅的雜文則多用筆名。真名的胡適是表示自己「負責任」，筆名的魯迅則是在打「壕塹戰」。因此，儘管都是抗爭，抗爭和抗爭卻不一樣，目的不一樣，方式也不一樣。如果我們指認胡適的寫作是公民寫作的話，那麼，以魯迅為代表的「魯迅風」則肯定不是。

「群眾」這個口頭禪

每至「兩會」期間，當然也包括平時，常聽到「群眾」一詞被各種代表、官員掛在嘴邊，成了「口頭禪」。什麼「據群眾反映……」，「為群眾考慮……」，「解決群眾問題」，哪怕就是一些普通公務部門的工作人員張口就是「要提請群眾注意……」更兼我們平時常用的「群眾團體」、「群眾組織」、「群眾運動」等，包括體制內還有的工作部門叫「群工部」……，不一而足。長期以來，每一次看到或聽到這個大家都習以為常的詞，便本能地感到不舒服。

在我看來，「群眾」是個貶義詞，該詞在公共領域中的流行是典型的「政治不正確」。這個稱謂明顯含帶蔑視性，說話人使用它時總給人一種居高臨下的感覺，至少他（她）是外在於這個群體的，而這個群體，也就是芸芸眾生。

「群」的本義是「羊群」，後泛推為「獸群」及「人群」。這一淵源便含著對人的不敬。《國語・周語》曰「獸三為群」，後《晉書》又曰「三人為之群」。作為生物性的對象，人，只要群在一起，眾成一團，彼此聲氣相應，還真容易因激起的情緒而淪為某種意義上的非人。不用說，由它導致的後果往往令人不堪，所謂「法不責眾」，是連法都拿它都沒轍。事實正是如此，無論當年的法國大革命，還是後來的俄國大革命，以及再後來，人作為個體一旦淹沒於一個龐大的群體中（比如廣場），就會被裹挾而喪失自己的理性。因此，群眾帶有「烏合之眾」的意思。否則何來當年「發動群眾」之說，這是把人眾當作一個可運作的對象。

再者，「群」又作「羣」。從左右結構到上下結構，可以意會出來的含義更明顯。群羊無主，抑或群龍無首，它們是被驅遣的，並且需要領頭；而上面的「君」即「君領」即「統治」。《禮記》曰「王為群姓立社，曰大社。」在傳統型的社會結構中，君王與民群是一個條形系統，它們之間不但存在著支配與被支配、統治與被統治的關係，而且這種統治就像驅使群羊一樣。然而，這種關係上的不平等，非獨古代，現代依然。也許這句話我們耳熟能詳：群眾是真正的英雄，而我們自己則往往是幼稚可笑的。這裏的「我們」和「群眾」擺明是兩個分屬，所以用「群眾」來教訓「我們」，是因為「我們」自以為「我們」優越於「群眾」。這句話看起來拔高了「群眾」，其實正隱含了原先意義上的不平等。

當然，在一些日常語用中，「群」未必都帶貶義，如「群雄」、「群芳」、「群情」、「群策群力」等。但，這個詞一旦進入公共領域，一旦在公共事務上使用，尤其是當它和「眾」並列時，語用者那種可能連他自己都沒意識到的不屑——語詞本身的不屑——便發散出來。如果說任何稱謂都表明一種關係，「父親」表示他和子女的關係，「丈夫」表示他和妻子的關係，「總統」表示他和選民的關係。那麼，這個稱謂表明的關係是什麼呢？什麼都不是。「群」也好，「眾」也罷，它是且僅是一個數量的集合。把不同身份和不同面目的人納入到一個純粹的數量中，或用一個純粹的數量來取代每一個人的具體的身份和面目。你能說這種稱謂有起碼的人格尊重？

假如你是一個代表，比如「人大代表」，請問，你代表的是誰，群眾？不，你不是群眾代表，你是公民代表。你受委託的是一個一個的公民而不是一個沒有面目的群眾。群眾除了被驅遣，什麼也不會做。假如你是一個官員，你在為誰服務，也不是群眾，而是納稅人，因為是納稅人雇用了你。納稅人如果是一種具體的身份，群眾卻什麼也不是。同樣，作為習稱，「群眾組織」和「群眾團體」，在英美它們常常被稱為「非政府組織」、「民間社團」或「公民團體」等。也就是說，在公共領域中，凡是使用「群眾」一詞的地方，我們其實都能找到更合適也更準確的詞替代它，而它在任何意義上都顯得極不合適。

根據以上，我以為，從「政治正確」的角度，「群眾」這個詞應該劣汰。

回頭看「超女」民主非神話

去年的「超級女聲」早就落幕，而我連個旁觀者都不是，卻無意中看了一些有關「超女」的評論。焦點之一，便是把它和民主掛靠，並由此形成了正反方。正方歡呼「庶民的勝利」，什麼「海選」呀、「參與」呀、「程序」呀、「平等而且自由」呀。反方呢，則譏諷為「超女民主的神話」，什麼「無稽」呀、「假想」呀、「癡人說夢」呀，等等，有人甚至模仿兩千多年前先知的口吻說：「娛樂的歸娛樂，政治的歸政治」。

看過雙方的文字，如果輪到我表態，我想說，我要為正方讚一辭。

民主是什麼？是投票嗎，是，又不僅僅是；是程序嗎？是，也不僅僅是；是國家最高領導權嗎？是，還是不僅僅是。那麼，民主到底是什麼？為「超女」辯護者用了這樣一句話：民主是一種生活方式。這真是一個很精彩的表達，不過它的表達者卻是幾十年前的胡適，更進一步說，是胡適的老師、美國實驗主義哲學家杜威。胡適在1950年代談論「四十年來中國文藝復興運動」的長文中，說：「民主的真意義只是一種生活的方式」。如果我們承認娛樂是一種生活方式的話，那麼，像「超女」這樣不是個人自娛而是媒體過程中的娛樂公共化，為什麼它不可以是民主的？從「海選」、「大拇指投票」、「評審團一錘定音」等形式因素看，它還真的是民主的推演而不盡是虛擬的「沙盤」，儘管它的確也有學者挑剔出的各種毛病。但，問題在於如何完善，同時更在於，我們到底怎麼看待民主。

不必嘲笑「娛樂民主」，娛樂民主也是民主。民主作為一種生活方式，它表現在生活的方方面面，而不獨表現在高高在上的政治權力這一面。人的生活大體可以劃分兩個領域：私人領域和公共領域。民主不涉及前一領域，這一領域強調的是個人的消極權利。後一領域，在現代文明社會，它必須是民主的，否則便是某種力量的極權。但，公共領域並非鐵板一塊，它是劃分單元的。政治生活是一個單元，娛樂生活（如果它像「超女」這樣公共化）也是一個單元，同時還有其他單元。如果哪個單元初步能夠做到像「超女」這樣的啟動與程序，它就是民主。

視「超女」民主為神話，本身就神化了民主。提到民主，我們張口就是民主政治，以為民主就是政治，並僅僅是政治。在中國人的傳統意念中，政治又是高高在上的，它凌駕於經濟、文化和日常生活之上。這樣，民主就很容易讓人仰著頭看。胡適所以把民主解釋為一種生活方式，正是為了消解其神話。他說：五四時陳獨秀沒有給「民主」、「科學」下定義，而是把這兩個詞「人格化」了（所謂「德先生」、「賽先生」）。他進一步指出：「把一個觀念『人格化』了，往往等於『神化』了，並不能叫人得著明白清楚的認識，也許還可以引起盲目的迷信，盲目的崇拜。」試看二十世紀從辛亥起，多少人為民主拋頭顱、灑熱血，口號喊得震天響，可是他們對民主「得著明白清楚的認識」嗎？就是今天，除了習慣上的宏大敘事，有幾多人把民主看成是自己身邊的普通的生活方式？

「超女」很好，不但沒有神化民主，反而把民主拉到自己身邊。如果說在公共領域中，它率先在娛樂這一塊啟動了民主；那麼，根據公共領域中的各個單元的「遊戲規則」大致相同的道理（比如它們都反對某種力量的專斷，它們都訴求公開的程序與公正的原則）；那麼，人們在公共生活的這一塊養成了習慣，它當然也會在公共生活的那一塊以至每一塊產生相同的要求。而民主作為一個「養成」的過程，如果不想一蹴而就，它就是這樣一步一步、一個單元一個單元地擴展開去，以至全盤。當年胡適的「漸進式民主」就是這個意思。

「娛樂民主」不但不神話，而且往往具有先鋒性。以美國為例，五、六十年代以來，種族歧視的大為改觀，娛樂業在其中起了相當重要的作用。出於大眾娛樂的需要，當然也出於商人的商業動機，黑人不再作為黑鬼和小丑出現，而是在影視中包括體育中作為明星和偶像出現。因此，美國南加州大學一位傳播學教授（諾曼・科溫）公正地指出：「娛樂這個社會生活要素是最先（而不是最後）開始實踐了傑斐孫在1776年提出的有關人生而平等的激進論斷。」所以，我們沒有必要輕視娛樂，尤其是這種帶有公共性的娛樂方式。

虐俘報導要經過國防部？

美國哥倫比亞廣播公司2004年4月28日公佈美軍在伊戰結束後曾殘酷虐待伊拉克戰俘的照片，並對此事作了報導。這是一樁醜聞，它使美國軍方乃至整個美國蒙羞，不但國防部長拉姆斯菲爾德被迫接受國會有關美軍虐待戰俘的聽證會質詢，布希總統也不得不在媒體就虐俘事件作公開的道歉。很顯然，如果不是美國哥倫比亞廣播公司等媒體大膽披露，我們就不可能知道這些事。

但是，我是否可以假設，美國媒體在報導這一事件時需要獲得國防部的簽字認可？如果美國公眾看到我的假設，肯定認為我是白癡，或者就是我根本不懂什麼叫媒體。因為，如果要經過國防部，根據當事者趨利避害的本能，它肯定要阻撓披露。就像當年「水門事件」，尼克森動了多少手腳試圖掩蓋，你能想像如果要他同意才能上《華盛頓郵報》，我們還能獲知真相嗎？

道理就這麼簡單，而我是在做一樁蠢事，這是一個多麼無謂的假設。但我所以如此，是因為我不敢相信自己的眼睛，居然看到《南方週末》上的新聞：「輿論監督『閱稿單』制出臺始末」，文章開頭就是「為杜絕虛假新聞，批評稿件未經被批評對象看過，不得見報」。原來南京市委宣傳部對本市媒體下發文件《新聞單位輿論監督稿件審核辦法》，該「辦法」要求各媒體輿論監督稿件一定要與當事人見面，如果「沒有被監督方簽字的閱稿單，稿件不能見報」。如果見報，亦即「值班主任和編輯擅自簽發，一律作為社、台內部重大差錯處理，扣罰當事記者、編輯、主任的當月獎金……」

出臺這樣一個辦法，是因為不久前「全國召開了堅決制止虛假新聞報導的座談會，要求各地拿出行之有效的措施，杜絕虛假新聞，『我們貫徹會議精神，落實到具體措施，市委宣傳部決定在南京市屬媒體中推廣《金陵晚報》的經驗』。」市委宣傳部某負責人如是說。

原來是為了新聞打假。但，實在看不出這個辦法和杜絕假新聞有什麼關係。令人擔心的是，它不但禁不住那些帶有廣告性質的假新聞，卻會使很多真新聞沒有出頭之日。還是那個問題，虐俘報導要經過國防部，它不同意怎麼辦？這個簽字程序實在讓人百思不解，本意是反假，但，憑什麼說批評報導不經過被批評對象就必然為假，以至記者、編輯要率先承擔「擅自」的責任？難道真與假的判斷權僅僅在被批評者手中？

對批評對象如此優容而對媒體如此套緊箍咒，這是「權力」和「權利」之間的不公平。報導什麼、揭露什麼、批評什麼，不言而喻，是媒體自身的權利，而被監督對象大凡又都是權力機構（如美國國防部）。本來，在「權力」和「權利」之間就存在著不平等，透過媒體的權利監督被監督的權力，乃是一個社會在這不平等的兩者間尋求平衡的方式之一。更何況任何權力都是一種「必要的惡」，就其「必要」而言，我們不必要取消它；就其「惡」而言，卻又必要透過輿論監督它。然而，按照這種「辦法」，在強勢的「權力」面前，批評它的權利倒過來要經過它的同意，那麼，請問，這是輿論監督呢，還是監督輿論？

至於首創「閱稿制」的《金陵晚報》負責人聲稱「輿論監督報導要指出被監督對象的不足來，也要給被監督對象充分的話語權，讓他們能夠有機會發表自己的看法」。這樣的解釋是混淆視聽。沒有人不給被批評者話語權，但，就報導而言，這話語權的「機會」不能提前，只能滯後。滯後是一種權利，如報導不實，被批評者自有其澄清的權利，沒有人能夠阻止。但假如提前，這個話語權就有可能變成阻止並不准報導的權力了。

就其實質言，讓被監督的權力在「閱稿單」上簽字，是一種變相的新聞檢查制度。此制度的不合理不僅昭然，而且檢查者居然可以不是中立的第三方而是當事的一方，這豈非新聞史上的咄咄怪事。至於該辦法出臺者認為此舉是為了「減少和杜絕失實報導的出現，最終實現媒體自律」，結果更可能是失實的報導沒減少，輿論監督的「自律」卻變成了「自閹」。

因此，我的看法很明確，就像原告打官司不必經過被告才能上法庭，監督報導也不必經過被監督者才能見報紙。

該下課的是誰

吉林藝術學院教師盧雪松因在課堂與同學探討紀錄片《尋找林昭的靈魂》等歷史文化問題，被學校停課。據盧介紹，停課的理由在於院領導認為《尋找林昭的靈魂》存在「思想問題」。

這樣一件事發生二十一世紀的今天，而且是發生在大學，甚至是一個文科性質的大學，不僅令人不可思議——這是多少年也沒有出現過的事情了；更讓人恍然有倒回到中世紀的感覺——難道這所大學成了「宗教裁判所」？

大學教學包括教學中所使用的材料存在著「思想問題」，乃是再正常不過的事，不如此倒是極不正常的。我注意到，盧雪松是戲劇文學教研室的教師。戲劇文學，早在一百多年前恩格斯就要求它「具有較大的思想深度和意識到的歷史內容……」。既如此，這位教師在她所從事的專業教學中，是離不開思想的。至於存在「思想問題」，殊不知，思想本身就是問題，它如果不是問題或不表現為問題又是什麼？

從大學生角度來說，他們正處在一個「精神成人」的階段，而精神成人離開思想也是不可能的。如果說我們的中學教育是應試教育，那麼，進入大學，教育由應試轉入素質。素質教育儘管包含多方面的內容，但，一個文科大學生，沒有思考的興趣和思考的能力，能談得上素質嗎？盧雪松老師把她所認可的資料導入教學，以此啟發學生的思考，同時培養學生的思考習慣，這不僅是一個老師應當做的；而且可以看出，她在這方面還是一個有責任感的老師。

況且，大學不是教堂，只允許一種思想。現代大學本身就是各種思想的交匯地。任何一種學術，如果沒有不同思想之間的對話與碰撞，則無以獲得生長的啟動。大學恰好是這樣一塊地方，它不但允許各種思想平等的討論、對話和生長；而且如果其他地方有什麼禁忌的話，大學則無禁區，因為學術無禁區、真理無禁區。大學甚至有責任保證學術和真理的無禁區。這應該成為一種大學精神，否則，這個大學是名不副實的。

從專業、從學生、從大學本身，我們可以看到，盧雪松老師的教學是正常的，也是無可非議的，但，她卻被「下課」了，下課的理由是「思想問題」，這是一個說不過去的理由（無怪院領導只是口頭通知而不肯行諸書面）。至於學院領導認為林昭的材料「不符合」什麼歷次運動的決議，「不符合」什麼教育部對高校教師的要求，那麼，我想說的是，院方的做法更糟糕，因為它不符合憲法。憲法以其條文形式保證了人的思想自由和言論自由，這是每個人的基本權利。一個老師在沒有侵犯他人的情況下，於自己的工作中正常行使屬於自己的思想權和言論權，而院領導卻以「下課」的方式處置，這分明是用手中的行政權剝奪這位老師的言論權以及工作權。這樣的剝奪，在法的意義上，只能是違憲。

退一步，院領導不是不可以堅持自己的看法，「思想問題」也好，兩個「不符合」也罷，院領導有它自我認定的權利，但這不可以成為隨意停課的權力。每個人的認知都可能有局限，你說「不符合」就不符合了嗎？符不符合，需要交流、甚至需要爭論，不能由權力單方面說了算。盧雪松老師有過自我辯解的機會了嗎？該院的學術委員會討論過這個問題了嗎？不同方面的意見認真傾聽過了嗎？思想是和思想對話的，權力無以介入其間。盧雪松的問題如果僅憑權力者的權力意志來決斷，那麼，有人借權力行私怎麼辦？

1980年代以來，鑒於文革中思想「一言堂」的教訓，也鑒於當時「兩個凡是」的思想束縛，整個中國大地掀起過一場持久的「思想解放」運動，中國知識界和大學首當其衝，在這場運動中發揮了領頭的作用。今天，也是在大學，思想解放不說，有人卻自設思想教條，這是要倒退到八十年代以前。歷史的倒退是誰也不願見到的局面，而這樣的做法卻又實實在在是倒退本身。這不僅是該大學鬧出的讓人笑不出來的「笑話」，同時也讓所有的中國大學蒙羞。

因此，「盧雪松事件」，有人要下課，該下課的是誰？

當生命變成數字

史達林曾經說過：殺一個人是殺人，殺十萬個人就變成了數字。這話長久地讓我驚悚不已，不幸他說的是事實。

2003年，廣州的孫志剛案由媒體報導，一石激起千層浪，紙媒網路相互策應，立即形成了巨大的輿論聲勢，以至驚動天聽，從而使帶有惡法性質的收容條例壽終正寢。可是，2003年之後，礦難變成了一個黑色字眼，幾乎每隔一段時間，我們都不得不和它照面，而每一次照面，都有一連串的死亡。恕我掛一漏三地羅列一下我所接觸到的死亡數字：

2004年2月23日，黑龍江省雞西市百興煤礦發生瓦斯爆炸，三十七人死亡；10月20日，鄭州煤炭工業集團大平煤礦發生瓦斯事故，死亡一百四十八人；11月28日陝西陳家山煤礦發生瓦斯爆炸，死亡一百六十六人。轉到2005年，2月14日，遼寧阜新孫家灣煤礦發生瓦斯爆炸，兩百一十四人遇難；3月19日，山西省朔州市細水煤礦發生瓦斯爆炸，並波及相鄰康家窯煤礦，兩礦共計七十二人死亡；2005年7月11日新疆阜康神農煤礦發生瓦斯爆炸，死亡八十三人；8月3日，河南省禹州興發煤礦發生瓦斯事故，二十四人遇難；8月7日，廣東梅州興寧煤礦發生大面積透水，一百二十三名礦工被困井下，因救援無果，近日被宣佈死亡。緊接著，8月8

日貴州省六盤水市灣子煤礦發生瓦斯爆炸，十四人死亡，兩人失蹤……。

夠了，夠觸目驚心了！以上就是近一千個活生生的「孫志剛」呵，而這個數字還在時間中延伸。但，我要說的是我自己。開始，我還憤怒地罵，包括國罵；後來就漸趨麻木，這兩天，電視上又報導了礦難，說是山西左雲地下又埋了四十多人（現在聽說這個數字還在增加）。老實說，我覺得自己已經漠然了，只當一般新聞看了，生命果然變成了數字。

前些日，同朋友一道喝茶，聊天聊到事故頻仍的礦難。朋友一臉平靜地說：礦難發生並不奇怪，這是必然的，以後還會發生，不發生倒奇怪了。他的理由是：假如安全生產的投資需要一千萬，而礦難的賠償遠遠小於這個數（陳家山煤礦的賠償標準是4.464萬元／人，興寧礦難漲價了，每條生命可以獲賠20萬），你說礦主的選擇是什麼？

是的，資本的本能就是追逐利潤最大化，它是目中無人的。馬克思曾經引用過這樣的句子來指陳資本的本性：有百分之五十的利潤，它就會鋌而走險；有百分之百的利潤，它敢踐踏人間一切法律，有百分之三百的利潤，它敢犯任何罪行，甚至冒著絞首的危險。以今天我們對煤炭的急劇增長的需求，再以一個礦工低廉到只有四萬多元的生命價格，礦主的利潤當不止百分之三百，因此，礦難的不斷發生又有什麼奇怪。

資本就是這樣一個沒有人性的東西，除了我們取消它；但，它又是文明社會的潤滑劑，取消不得，也取消不了。對付它的辦法，就是監管。誰來監管？政府。奇怪的是，作為監管者的政府為何如此不力。不難看到，這些煤礦事故，幾乎都是安全生產出了問題。本來，中國作為產煤大國，煤礦安全生產早就有一整套制度和技術保證體系，大部分礦難可以避免。即以瓦斯而論，按中國目前的防治能力和技術水平，甚至可以預防。這是煤礦專家的話。可是，地層底下炸聲隆，黑心的資本就是不願意為安全生產作投入，成本太高，它寧可死人。如果資本本性如此，苛責無補，那麼，我們就要轉向監管資本的行政權力了，你是幹什麼吃的？

國家安監總局局長李毅中曾經說：「對非法開採小煤礦的人，要讓他們傾家蕩產，並嚴肅追究刑事責任。」可是它為什麼能「非法開採」？瀆職者是誰？其實，又豈止是瀆職，這裏面有沒有資本向權力「尋租」和權力向資本「出租」？甚至，有沒有權力者憑藉權力直接在其中入股牟利？這些，都已經不是問題，問題在於，如何解決它。這個關鍵不解決，上層再震怒再流淚也無濟，礦難不會禁絕。因此，問題到最後，就禁嬗為對權力制度進行叩問了，即我們如何對監管資本的權力進行監管以及誰來監管。

面對生命變成數字，我無法饒恕自己的麻木，可是這麻木更多是無奈。一次又一次，見慣而不驚，人性竟如此容易淪入遲鈍和粗糙？我不知道，是我出了毛病，還是這個時代。我們該以什麼方式拯救我們自己和這個礦難頻仍的時代？

搬起石頭砸頭-2006年

警惕我們的「話語暴力」

《文學自由談》2006年第二期有何滿子先生的雜文〈這不是反了嗎？〉，題目就讓我一震，震驚地讀完後，居然讀出了這樣一個辭彙表：狗男女、蓄意吹捧、顛覆、胡扯、反華謬論、喪心病狂、大肆宣揚、居心何在……。這樣一個充滿「話語暴力」的語詞陣容，讓我「心所謂危，不敢不言」。

文章是因為「張愛玲熱」引起的，這是一個已經持續多年了的文化／文學現象，其來有自，又原因複雜。對這一現象持任何看法應該都可以，唯獨不應該的是張口就把人家罵成「狗男女」，雖然這一罵何文是借自「人民」和「百姓」。但，「張熱」熱的是文學，「狗男女」肯定是在文學以外。從文學以外說話並非不可以，但它為什麼不可以是說理的呢？罵，除了洩憤，還妨害說理。所謂罵不容理，理不納罵。不妨模仿一次龍應台，何滿子先生，請用道理說服我。

當然，何滿子先生肯定有他的道理。只是道理也不是唯一的，在一個多元的社會，很多道理具有多元性。比如何先生就認定「張熱」得力於美籍華人學者夏志清的「蓄意吹捧」，而這樣做是為了「顛覆」五四新文學的傳統，因而夏的語言不過是些「胡扯」，甚至是「反華謬論」。幸好我手上有香港中大的《中國現代小說史》，看來看去，以為這是一本學術書，不是政治書。而何的評論，倒和學術無關，其中的辭彙全是政治性的，而且具有攻擊性。尤其「反華」之說，殊難成立。試想，一個立意為祖國新文學傳統作傳的人，怎麼可能是反華的呢？何況該書到底在哪裏反了華，文中無從說明。至於和自己觀點不同，就是「胡扯」、「謬論」、「顛覆」，這樣一種文化習慣似乎也太獨斷。誰都不是真理的化身，你至少得用理性分析而不是話語攻訐才有可能說服人。

文章最後把南報北刊對張愛玲和夏志清的「吹捧叫賣」痛責為「喪心病狂」，又由於這些發生在抗戰勝利六十周年之際，因此何先生就認為這不僅是一個的「大肆宣揚」的問題，問題更在「居心何在」。文章戛然而止，但誰都知道這種誅心式的「居心」是指向哪裏、又將置人於何地。

惜乎哉！為文如此不堪。從題目到行文，從語詞到語氣，一種久違的感覺，那麼揮之不去。語言是思想的直接現實，你用一套什麼樣的語詞說話，直接表示你擁有什麼樣的思想資源，同時也顯示你接受的是什麼樣的文化薰陶。何先生的文章，不是一個孤立的現象，而是一種由來已久的文化承傳。它在四十年前達到極盛，但這個極盛又遠源於四十年以前，亦不絕於四十年之後。這就值得我們注意了。因此，我面對或反對的不是何先生一篇文章，而是面對和反對一個百年來的「話語暴力」的歷史脈絡。

早在五四時代，錢玄同率先就把當時的文化保守主義罵為「選學妖孽」、「桐城謬種」，從此，1920年代的「法西斯蒂」、「封建餘孽」，1930年代的「洋場惡少」、「叭兒」、「走狗」，不絕如流，且越流越大。彷彿是蓄勢，終於山洪般地爆發了「牛鬼蛇神」和「殘渣餘孽」。今天的「狗男女」不過是這種文化慣性的一路下行。這就帶出了一個問題，今天，我們需要什麼樣的文化語言？寫作是進入公共領域的一種活動，這種活動應該是文明的，而以罵為表徵的話語暴力在任何意義上都是一種反文明。如果這是一種共識，那麼我們就應該自覺地用文明和理性的語言來說話，用以狙擊我們身上由那種歷史積澱而導致的蠻性遺留。

何先生文章最後說，他純是本著「良知」來發言的，我願意相信這一點。但，因「良知」而引發的胡適指出過的「正義的火氣」卻十分危險。因為在胡適看來，「『正義的火氣』就是自己認定我自己的主張是絕對的是，而一切與我不同的見解都是錯的」，並進而指出「一切專斷，武斷，不容忍，摧殘異己，往往都是從『正義的火氣』出發的。」我從何先生的文章中看到了胡適的話在當下的針對性，因此就把它抄贈何滿子先生和我們大家。

舒蕪先生〈「國學」質疑〉之質疑

《文匯報》舒蕪先生的〈「國學」質疑〉，名為質疑，實為否棄。讀過該文，很難認同它對國學的態度以及潛伏在文本之後的二元對立思維。

舒蕪先生反國學，這是他的權利；但他對國學的論衡卻問題大在。「『國學』則完全是頑固保守、抗拒進步、抗拒科學民主、抗拒文化變革這麼一個東西」，這是典型的扣帽子，而且一大把。國學本身有什麼頑固保守，更談不上抗拒科學民主。即使可以說主張國學的人如此如此，也無須把責任推到古老的國學上。國學何辜？至於說國學「實際上是清朝末年、一直到『五四』以來，有些保守的人抵制西方『科學』與『民主』文化的一種藉口」，也很難說完全與事實相符。保守，未必就是價值貶義，那些主張國學的人，也未必就抗拒民主科學；這正如聲口民主科學未必就真的科學民主一樣。五四時期的梅光迪、胡先驌、吳宓等都是著名的文化保守主義者，他們什麼時候抵制過民主科學？甚或說，在民主（包括科學）方面的感知和識見，他們其實勝過新文化陣營的陳獨秀和魯迅，至少他們無有反民主的作為。而大張民主旗幟的陳獨秀，在《新青年》上連別人批評白話都懸為厲禁，又何曾見出一絲民主氣息？

為了貶損國學，舒蕪先生舉出了胡適。國學，亦可稱國故學，新文化運動後，胡適主張「整理國故」，可是，舒蕪先生卻這樣斷論：「胡適當年不是說過嘛，整理國故的真正價值，就是要把它整理得沒有多少價值。」不知道舒蕪先生論從何出？殊不知，這樣未加引號的表述恰恰是反胡適的。整理國故的意義，胡適在〈新思潮的意義〉中說得很清楚，那就是「各家都還他一個本來真面目，各家都還他一個真價值。」在整理國故上，胡適不作價值預設，而是本著「為真理而真理」的態度去面對它。這，才是一種科學的態度，而這樣的態度陳獨秀和魯迅不曾具備。新文化運動中的胡適，力主白話取代文言，對於傳統文化，他當然也批判其中的鄙陋觀念及風俗，比如婦女纏小腳、女子講貞操。但，對國學這個傳統文化中的精英部分，胡適的態度至少是慎重的，也是有所分殊的。如果國故學，有「國粹」也有「國渣」；那麼，於國渣，胡適可以把整理國故視為「打鬼」。至於對國粹，胡適雖不用這樣的詞，但，一旦有人說「國故整理的運動總算有功勞，因為國故學者判斷舊文化無用的結論可以使少年人一心一意地去尋求新知識與新道德」，胡適的態度則是「你這個結論，我也不敢承認」。可見胡適並不一味臧否國故學，當然也不排除他在表述上的某些偏頗。至於胡適晚年，除了把大量精力花在古代典籍的考據上，就是論及自由民主，也是有意識地從國學傳統中尋求本土資源。

舒蕪先生表示：「我從小就養成一個觀念，就是我多次表白過的那句話：反儒學尤反理學，尊『五四』尤尊魯迅」。後學膽小，不敢施效。筆者既不敢一味反儒，也不敢一味尊五四，更不敢效「尤」。儒學和五四，都是極為複雜的對象，豈可視為單質的「一」，然後，一棒殺，一捧殺。當年五四新銳傅斯年跟在胡適後面搞新文化運動，先辦《新潮》，後留學英倫，似乎很西化，可是，二十年代的他卻對胡適說：我的思想新，信仰新，思想方面完全西洋化，但在安身立命之處，仍是傳統的。這正是傳統儒學在傅斯年身上的流傳。胡適認為「此論甚中肯」，其實他自己何嘗不是。如果說國學有精華有糟粕，但看你如何取棄；那麼，今天看五四，誰能說一點問題都沒有，就剩下一個「尊」。在我看來，五四問題之大，就在於直到今天舒蕪先生的思維方式還是五四式的，那是一種簡單的「二元對立」。它的特徵，不但非此即彼，而且非是即非，非黑即白，非好即壞。由這種思維所導致的文化態度表現在舒蕪先生「尤尊」的魯迅身上，尤為明顯。這是一個對比，1925年，《京報副刊》請京華名流開一個「青年必讀書目」。胡適很認真地開了，一共推薦十本書，中西合璧，各自五本。其中既有密爾的《論自由》，也有孔子的《論語》。如果這是胡適的文化態度，魯迅呢，魯迅一本也不開，在「附注」中，他聲稱：「我以為要少——或者竟不——看中國書」。這種決絕，也是一種文化態度。不僅如此，三十年代，魯迅看到施蟄存推薦青年讀《莊子》和《文選》，便認定是「復古」「倒退」，一批再批，寸分不饒，竟至於罵。這至少就是二元對立所帶來的思維上的偏執。

在思維方式上，二元對立往往走向一元獨斷。舒蕪先生把國學大傳統和五四小傳統截然對立，這本身就是五四遺風。當年「五四」中的某些知識領袖就是這麼做的，他們以獨斷的方式把自己不認同的傳統價值打成「頑固保守、抗拒進步」，反過來，自己包括自己所認同的價值不就是進步和民主了麼。二元對立很容易導致文化上的獨斷主義，迷戀五四的舒蕪先生直到今天還如此排斥國學就是一例。今天，如果我們認同多元主義的文化立場，那麼，國學和有關國學的主張不妨視為文化多元中的一元，最低限度，也不必像開頭那樣以扣帽子的方式危言聳聽。

案：舒蕪先生在解釋國學、國故時，也提到國粹。在舒蕪先生眼中，國粹「是另外一個意思，那是清朝末年一部分搞革命的人，拿來對付滿清的武器。稱為『國粹』，是針對滿清來說的。」恕筆者識陋，這樣的解釋，我聞所未聞。我寧可相信這是舒蕪先生的口誤；否則，連五四時關於國粹的通行說法都未搞清，還怎麼談論國學呢。假如這種說法是我個人短見而有所不知，那麼，我願意在此向舒蕪先生道歉並候教。

「孟母堂」與教育多元化

上海有個「孟母堂」。這是個現代私塾的辦學形式，規模不大，只有十幾個學生，目前正在爭取全日制化。他們的教學以讀經為主，學生大致是這樣一個作息：早上六點起床，晨跑，讀十五分鐘《子弟規》；七點吃早飯，打掃衛生分擔區；上午八點到十點開始讀背《孟子》，做十五分鐘瑜珈；十點半到十二點讀《英文名著選》；中午休息兩個小時。下午的學習和上午基本類似，五點半左右，全天的讀書時間結束。晚上主要是寫日記、讀棋譜，看介紹孔子、孟子的科教片和《三國演義》等電視劇。

這也是一所學校，你不能不說它是學校。如果它只是一個假期班、補習班或學前班之類，在國家規定義務教育之外或之前傳授一些儒家文化的內容，都不存在問題。問題在於，它就是全日制式的教學，而且教學內容以儒家經典為主，從而與那些公辦全日制有了明顯的區別。由於媒體的報導，這個「潛水」不到一年的學堂剛浮出水面，就引來了教育行政主管部門的注意，目前它面臨的危險是被「叫停」。

被叫停的根據當然來自國家義務教育法。復旦大學葛劍雄教授認為：「義務教育既是國家對學齡兒童提供免費教育，也帶有強制性，即適齡兒童必須入學，家長必須送適齡兒童入學。」需要指出，國家義務教育法的「義務」首先是指國家義務，至於兒童則是享受這種義務的權利。現在的問題，不是家長沒有送孩子入學，而是入什麼學。不入公學，是家長的權利，正如家長沒有不送孩子入學的權利一樣。家長是在完稅之後放棄了自己所應享受的教育份額，另外付費去接受他認可的教育。於家長，這屬於自由選擇，他人無權干涉，國家也無權干涉。否則無以解釋那麼多的民辦學校的存在。

但，民辦教育可以存在，「孟母堂」卻有它的困難。因為在一些學者和教育行政主管部門那裏，它在教學內容上是違規的。日前，當地教育主管部門介入調查，一位主管科長認為：學生在義務教育階段的教材國家有明文的規定，以現在孟母堂的情況和教授學生的知識內容來看，都無法符合要求。其實國家教育法並沒有教材上的明文規定，於教學內容也只是原則性的指導。比如「孟母堂」就可以援引1995年透過的國家教育法第七條為自己辯護：「教育應當繼承和弘揚中華民族優秀的歷史文化傳統，吸收人類文明發展的一切優秀成果」。「孟母堂」中的儒學教學屬於前者吧，英文名著的教學則屬後者。

當然，我們知道，「孟母堂」的問題在於，它的教學在整體上和公辦全日制不同，而且是體系性的不同。我們到底應不應該允許其存在：是叫停，還是讓其保持。我覺得，這至少是一個值得討論的問題，懇請當地教育主管部門聽聽多方意見而不急於下殺手鐧。我認為，中國的中小學教育，長期以來是一種一元化性質的教育，它奉行的是培養「接班人」的模式，帶有意識形態的色彩。現在，以儒學內容為主導的「孟母堂」教育，則是教育多元化的一種形式，或者說是教育多元化的一種嘗試。你可以不認同它的教學，但它如果沒有強制他人去學，你不妨對它持寬容態度，畢竟它一沒違反國家法律，二沒挑戰公序良俗。

「孟母堂」能否存在，關鍵在於教育理念。什麼是教育？教育不是按照某種意志把孩子們塑造成某一種人，教育的本義則是讓每一個受教育者成為他自己。如果認同這樣的理念，教育多元化和「孟母堂」就都有了它的合理性。當然，年幼的孩子是沒有自己的意志的，成為他自己，此刻只能是孩子的監護人即家長的選擇。現在，這十多位家長在通常的知識教育之外，希望自己的孩子更多地接受儒文化的薰陶，希望自己的孩子在儒文化的教育下成為他自己。如此樹木，難道不是家長的權利？何況，「孟母堂」的存在並不構成對公辦全日制的挑戰，更不是媒體上所說的什麼「顛覆」，因為即使在自由選擇的情況下，它都很難成為主流。主流的依然是公辦全日制。因此，「孟母堂」不妨讓它繼續辦下去。它的存在，相對於公辦全日制而言，可以逐步形成教育多元化的格局。

大學校長是官員還是教育家？

從去歲到今年，有關中國大學校長的問題兩次引起媒體關注。

去年七月，博客中國網站發佈「中國大學校長公眾認同度調查問卷」，後來《南方週末》公佈了調查結果，結論是「中國大學校長公眾認同度不夠理想」。其中一個重要的原因，是人們認為當下大學校長的總體形象更接近官員而不像個教育家。統計數字表明，持這種看法的人占受訪者的69.87%。

前兩天，北京《新京報》題以「浙大易帥背後的大學校長換屆高峰。」，報導了這一兩年來中國高校校長的換屆情形。報導特別指出：「海外留學和官員背景成為2004年後新任校長的普遍特徵」。以最近這位上任的浙大校長為例，既是留美博士，接任校長前，又擔任國務院學位委員會辦公室主任和教育部學位管理與研究生教育司司長。

這一年前後的兩條消息構成了一個有趣的上下文。一年前，人們對大學校長的不滿，正在於他們像官員而不像教育家，現在，官員恰恰成了大學校長來源的主管道。《新京報》特意用了一個很形象的詞「空降」，即教育部的司局級官員直接下派到部屬大學當校長。我注意到記者採訪浙大新校長時，問及他對「空降」的看法，回答是：「歷史上這種情況的校長也很多，這應該是正常的現象」。顯然這也是教育部的看法，因為它正在這樣做，而且批量。於是，我們發現，在大學校長的身份認同上，上下有著一定的錯位。民間認同的是教育家類型的校長，而官方則把官員當校長視為「正常」。這個錯位，是「應然」和「實然」的錯位。民間只是覺得校長應該是教育家，但實際情況是，如果我們不知道大學校長是否為教育家，卻肯定知道，他們都是具有相應行政級別的官員。因為，今天任何一所公立高校都是一個行政級別單位。果如校長的位置本身就是官員的位置，那麼，官員當校長又有什麼不正常？至於1920年代曾經主持安徽大學的著名學者劉文典說「大學不是衙門」，那不是歷史，而是老黃曆。

民間希望大學校長是教育家，這其實是一種常識。大學校長長，沒有一定的教育理念，不懂得教育的規律，只是會打理行政事務，大學如何能辦得好。不是說官員不能向教育家轉化，如果他願意的話。但，教育和行政（哪怕教育行政）畢竟是兩個不同的領域，它們有著不同的遊戲規則，由此也形成從事者彼此不同的行為習慣、思維方式、甚至潛意識。公眾所以覺得大學校長不像教育家而像官員，本身就說明這兩種角色反差很大。當年美國總統艾森豪當選前曾出任哥倫比亞大學校長，一次他請該校獲諾獎的物理學教授演講，艾氏客氣地說「在眾多雇員（Employee）裏，您能夠獲得那麼重要的獎項，學校以此為榮」。該教授立即回敬：「尊敬的校長，我是這個學校的教授，您才是學校的雇員。」顯然，一個官員慣了的人，把教授也習慣看作自己的下屬和雇員。而一個懂教育出身的校長，就不會這樣鹵莽。可以比較一下當年蔡元培長北大時聘請陳獨秀的情形。所以，1940年代後期，胡適任北大校長，國民政府先請他做考試院長，他力辭。二又請他兼職國府委員，他又堅辭。胡適說：「依據大學組織法，我決不能自己解釋國府委員不是官而不辭北大校長」。胡適兩次請辭，不外堅持一點：大學校長應當避免官員化。官員化即行政化，它所帶來的弊利之一，是行政支配教育而非教育讓行政服務。

以上給官員背景的大學校長們灑幾滴冷水是必要的，是促進他們在現有的位置上自覺地向教育家轉化。這裏並非一味反對官員當校長，而是校長官員化這個現象值得注意。它所連帶的另一個問題是，作為官員的中國大學校長又無不由官員所任命。校長產生的渠道如此單一，難道不是問題？今年剛辭職的美國哈佛大學校長薩默斯是克林頓任內的財政部長，可是，他出任哈佛不是白宮的任命，而是哈佛在全球範圍內遴選，然後在眾多候選人中由校董會確認。更有意味地是，薩默斯就任幾年便辭職，原因之一，就在於他把白宮作風帶到了校園，引起教授們的不滿。哈佛教授先後兩次投票透過對薩默斯的不信任議案，結果，薩默斯只好自我了斷。

薩默斯就任哈佛的程序和他離任哈佛的原因，同樣值得我們深思。

我們為什麼要包養作家？

在作家日益淡出公眾視線的今天，瀋陽市文化局在編作家洪峰爆出的新聞，吸引了人們的注意，也喚起了一些人的議論熱情。這不妨是一種抗議，洪峰以上街乞討的方式，抗議自己的單位連續幾個月不給自己發工資。從報導的情況看，瀋陽市文化局並無扣發工資的理由，我個人對洪作家這種亞似「行為藝術」的抗議，抱同情之理解。

但，以下言論不是針對洪峰個人，而是針對他的身份。就他個人而言，我毫無保留支持他伸張自己的權利。然而，他伸張的權利卻是他作為作家的工資，念及此，我心裏又有點老大不情願。若問，你有什麼不情願呢？又不是讓你拿錢。答曰，我雖沒有直接掏錢，但羊毛出在羊身上，那些專業作家的工資裏，畢竟有著無數個你我他的一份。這一份，於我個人，雖然幾乎小到不計，但凡事都得有個理，從道理上講，就是拔一毛我也感到很不公平。

作家是以寫作謀生的人，它當然是一種職業，而且很高雅。但，我們知道，高雅的莎士比亞、巴爾札克、托爾斯泰，都是靠版稅生活，沒聽說他們還拿什麼工資。就是民國時代，魯迅、巴金、曹禺也是吃版稅，不會吃工資，除非他有另外的職業。這本來是天經地義，可是，到了我們這個時代，我們的作家，待遇卻比前人優越，他們既有版稅，又有工資。版稅固然來自市場，他們的工資，卻直接來自國家。這就讓人奇怪，工資本是一種勞動報酬，作家的報酬已經體現在版稅上了，為什麼在版稅之外，還可以每月再拿上固定的一筆？這一筆和他的勞動毫無關係，是純粹的不勞而獲。一份勞動，雙份報酬，甚至不勞動亦報酬（作家一年不出作品，工資卻照樣）。莫非作家果然是史達林所說的人類靈魂工程師，因此要厚待？

今天的社會中還存在著另一類作家，即自由作家。後者即靠版稅吃飯，鹹淡自理，和國家不擦。因此自由作家對專業作家多拿的那一份，心裏很不平衡。洪峰事發，韓寒即尖刻地給那些作家送上一個雅號「二奶」，即為國家所包養。我不想尖刻，但我得承認包養是個事實。寫此文前，和本地一位文化工作的朋友電話，即談此事。他繞開今天，大談古代，談古代文人如何被皇帝豢養（所謂「倡優蓄之」），需要時吟風弄月，不需要就一腳踢開，像李白那樣賜金放還已屬大幸。於是電話兩頭都笑。我問他前兩天去哪裏，他說陪作家下去採風。我玩笑說，哪裏是採風，分明是作家家裏待膩了，下去打秋風。是的，作家協會反正不缺經費，還美其名曰體驗生活。

其實說作家由國家包養，並沒到點子上。最後出錢的還是我等納稅人。想想心裏就歎苦，納稅人養著這麼大的一個國家，甚至包括本屬民間團體的工青婦，夠重了，還要攤上個作家。我喜歡哪個作家，買他的書就對得起他了，我憑什麼還要給他開工資？這世界上沒有哪一國的作家能有中國作家這麼寵幸，這個世界上也沒有哪個納稅人像我們還要多負擔這一塊。實在不公平呵。

文學慣被視為意識形態，用作協把作家圈起來並發給工資，最初也是意識形態的需要。不過幾十年的一貫制，時至今日，也需要改革了。讓文學退出官養狀態，讓作家重新回歸自由。今天不是已經有那麼多的自由作家了麼。其實，就是專業作家，他們自己未必要包養，我就聽過作家明確地說：我靠版稅並不愁生活，愁的是那些管我們的人。國家每年撥給作協那麼多錢，作家用的只是一少部分，大部分都給管作家的人用了。是的，中國作家協會以及各省分會也是一個行政級別，科、處、廳，層層相因，一級不少。從作家到管作家，一層層上去，真是一種奇怪的衍生，他們都活在納稅人的身上（儘管他們也納稅）。納稅人不但要額外地給作家發工資，還得再額外地給管作家的機構撥款。想想看，這對我等納稅人來說，到底算什麼事呵。

我的建議是，解散作協，這不過是一個歷史的贅疣。讓作家重回山林，放還不賜金，他們活的絕不會差。如果作家自己都聲稱靠版稅能養活，我們為什麼還要自作多情。

「大國崛起」的阿基米德點

前些時，一位朋友打來電話，問我是否知道電視片《大國崛起》，答曰不知道。朋友便讓我關注一下，後來還傳來了網上地址讓我看，感於朋友的熱心，我回了信。信裏有這一句：這片子的題目我就不感興趣，非但如此，我還有點害怕「大國崛起」之類的宏大敘事。為什麼？地球就那麼大，大家都要崛起，別人的空間在哪裏。事實上，按照片子的敘述，那些大國崛起的過程，就是在全球稱霸的歷史。這其實是中外歷史的一個通則，中國先秦時代的春秋五霸、戰國七雄是這樣。當年葡萄牙、西班牙、英格蘭輪番海上呈威是這樣。今天，在這個地球上，只要「叢林原則」還沒有退出歷史舞臺，大國崛起云云，還是擺脫不了這樣的慣性。否則要崛起幹什麼。

因此，這個片子播完之後，在它獲得了如此的反響之後，我很想真實地表達一下自己的想法。我不認為這個片子有什麼新穎之處，至少對我來說，它沒有脫離一百多年前就形成的某種窠臼。從當年洋務運動時的「富國強兵」到今天的「大國崛起」其實是一條線，但，一百多年下來，情況若何？如果我們聲稱要崛起時，那只能說明還沒有崛起。那麼為什麼一個多世紀的努力下來，卻老是崛而未起呢？我固然不是什麼崛起論者，但，從旁以觀，問題未必就不在那個窠臼式的思路上。「富國強兵」強調的是「國」，「大國崛起」的立足也是「國」。一個片子的主題和一百多年的歷史是如此的重疊，它們的價值出發點，毫無例外都是「國」以本位而非「人」以本位。

「大國崛起」的最後一集是試圖破解「大國之謎」的「大道行思」，作為結穴，我聽到的是這樣的聲音：「必須在世界經濟中佔有重要的地位，很明顯，經濟脆弱的國家，不可能成為大國。」「國家強大必須經濟發達，政治穩定，特別是民眾與領導者之間要相互信任，互相尊重。」「必須要具有一定的規模，一定的能力，一定的軍事實力，一定的內部凝聚力。」「一個國家要崛起，它思想得創新。」「我們可以說文化因素很重要，比如說國民教育水平很好，這非常重要。」以上擷取的都是中外學者的看法，當然，編者自己也有看法，那就是「體制創新」。以上哪一句話不對呢？從經濟到政治到軍事到教育到文化到體制，方方面面，齊了。句句可以是經典，句句也可以是廢話。誰不知道樹立一個國家要從這些方面做起。花那麼多錢，跑那麼遠道，就是要寒磣各位專家說這些開水般的白話？

全部問題在於，以上的方方面面需要一個點，一個能夠翹動它們的「阿基米德點」。這個點表示一個民族國家以什麼為本位：「國家」，還是「個人」。如果以此來追問「大國崛起」，很顯然，片子的思考框架是國家，它的立足點也是國家（題目如此明顯地表現出這一點），正是在這一點上，我對它產生了質疑。因為在片子裏我看不到個人的影子。是的，在龐大的國家面前，在國家的崛起面前，個人的確顯得太渺小，甚至不足道之。然而，這也正是它在描述歐美大國崛起時的一個重要疏漏，西方民族國家的起來，比如英美，是以「個人」為本位而非「國家」為本位的。中國作為後發展國家，在挨打之後，奮起直追之時，其視線的聚焦始終是國家而非個人，並要個人無條件地服從國家（當然中國傳統儒文化本身就是家國優先於個人的）。可惜，對於這一可以理解的歷史偏頗，「大國崛起」非但無改，反而以電視的方式強化了它。

國家本位和個人本位有何不同？國家本位是「權力」本位，個人本位則是「權利」本位。權力本位，權利只有服從權力；權利本位，權力則服務於權利。與其看西方大國崛起，不如看它們如何步入現代。對今天的我們來說，「現代」無疑比「崛起」更重要。那麼，什麼是現代或現代社會？儘管現代可以有很多的解釋，但，根本的解釋只有一個，即現代社會是一個「權利」社會，它的形成，就是中世紀的「權力」本位逐步讓位於「權利」本位。我們看到，從十三世紀英國的「大憲章」（我個人認為這是現代之始）到十八世紀的美國憲法，作為英美立國之本，它們都是定位於對權利的保護和對權力的限制。這其實就是英美強盛的公開的秘密。試想，國家用它的權力保護國民個人的權利，亦即「國以民為本」，那麼，本固而後國強，這個國家有什麼理由不發展呢？如果我們堅持認為「發展就是硬道理」，在某種意義上，等於說「權利就是硬道理」，尤其是它相對於權力時。

當然，「大國崛起」並非沒有涉及（個人）權利，但這樣的敘述顯然是邊緣的，在這個架構中，它當然也無以成為表述的中心。

只是根據現有的表述思路，它能達到它所要達到的崛起的目的嗎？根據一百多年的歷史看，如果沿著這樣的思維慣性走下去而不改弦更張，我不妨抱持謹慎的懷疑。

作為一個非崛起論者，同時也作為一個公民，我認為，任何一個國家只要以個人權利為其本，崛起與否並非需要那麼刻意。像中歐、北歐、南太平洋諸國，談不上什麼大國崛起，可是這些中小國家是那麼和平、安定和富足。不僅個人權利能得到充分的保障，而且它們彼此之間也能和睦以處，誰也不用擔心誰的崛起造成對自己的迫壓。試問，還有比這更不壞的關係格局嗎。在這個意義上，恕我直率：不崛起，又何如。

何謂「第四代人權」？

剛剛從媒體上聞知，全國人大常委、中國政法大學校長、法學家徐顯明就人權問題提出了他的新見解，他將人權的發展分為四個階段，前三個階段分別是自由權本位的人權，生存權本位的人權和發展權本位的人權。在此基礎上，徐顯明提出了所謂的「第四代人權」，即「和諧權」，並試圖「以和諧精神超越傳統三代人權的對抗精神」。這一番高論，有著許多人權知識上的疾患，不得不給它瞧治一番。

從人權的歷史來看，從來就不存在一個代際之說，人權不分代，也無從斷代。我相信就是提出者自己都很難圓融地從時間上劃出三個人權時代。從英國最早的「大憲章」到美國的「獨立宣言」，從法國的「人權宣言」到聯合國的「世界人權宣言」，它們對人權的主張，有著基本相同的訴求，從來沒有以某一種權利為本位的價值偏重或偏廢。1215年的六十三條「大憲章」，第一條就是強調教會根據憲章享有的自由和權利不受干擾和侵犯，所謂「下面附列之各項自由給予余等王國內一切自由人民」，這裏的各項自由就包括作為生存權的財產權及其他。1776年的「獨立宣言」這樣表述自己的宗旨：「我們認為下述真理是不言而喻的，人人生而平等，造物主賦予他們若干不可讓與的權利，其中包括生存權、自由權和追求幸福的權利」。這三種權利沒有權重上的區別。不妨再看1789年法國「人權宣言」第二條：「任何政治結合的目的都在於保存人的自然的和不可動搖的權利。這些權利就是自由、財產、安全和反抗壓迫。」待至1948年聯合國透過的「世界人權宣言」，同樣以並列的口吻聲稱：「人人有權享有生命、自由和人身安全」（第三條）。藉以上的機會，我們等於重溫了一次人權史，我們沒有發現什麼第一代的自由，第二代的生存，第三代的發展。尤其是「發展」，由於它的指向模糊，我們甚至沒有在上述文本中發現這個詞，它純然是中國語境中根據自己需要出現的辭彙。同樣，「和諧」進入人權，也是人權本土化的試探。但，問題在於，如果人權三代說根本不成立，也就不會有所謂的「第四代人權」。

從人權的知識理路上看，它之所以不能分代際，是因為這樣的劃分意味著割裂。如果以生存權為本位，則意味著自由權的旁落。生存第一，自由讓步，事實上，我們曾經正是這樣以人權說事。但，我們知道，人的權利是複數不是單數，它是一個不斷發展的有機整體，不可能一會兒以這個為「本」，一會兒又以那個為「位」。在英國大憲章中，「自由」就表示「自由產業」，即土地所有者有權擁有自己的土地以及自己的家鄉法庭，你說這是自由權、還是生存權？許多權利原本就是互文的。因此，上述「代」以為先後的「自由權本位」和「生存權本位」在邏輯上站不住腳。殊不知，人權概念中，從來就沒有那麼多的本位，如果要有，也只有一個本位，即「人」。這個「人」，不是抽象的概念，而是具體的個人。如果人本位即「個人本位」，那麼，自由、生存等是且僅是個人本位上的一系列的價值訴求。它們各自可以成為一種價值，但卻無以成為本位。另外，人權的發展，也不是什麼本位上的輪替，而是數量上的增容，比如，隨著現代文明的發展，「隱私權」則日益成為人權家族中的後起之秀。

那麼，和諧是否可以成為人權呢？可以看到，和諧在「和諧權」那裏，指的人與人、人與國家、人與自然之間的關係狀態。也就是說，「和諧」這個詞只能用於人際之間，它表示的是人與對象的一種關係，不能也無以用於單純的個人。但，我們知道，人權作為個人權利，它的各項訴求都是針對個人的，也必須針對個人。自由是個人的自由，生存也是個人的生存。如果把和諧作為個人的權利，試問，什麼叫個人的和諧呢？針對個人而言，如果只是他自己的話，和諧這個詞又有什麼意義呢？可見，和諧可以作為一項社會目標，卻無以成為個人權利。在權利的家族譜系中，永遠也不會有「和諧權」這一說，因為它不通，至少它混淆了當年嚴復翻譯《論自由》時所稱謂的「群己之權界」。

有感於人權在中國的「第一次」

「今年是我國政府發表第一個人權白皮書《中國的人權狀況》15周年。第一個白皮書的最大功勞就是，第一次在中國把社會主義和人權掛起鉤來，這就是一個很重大的突破。」這是首屆中國人權展期間，中國人權研究會副會長介紹人權白皮書時說的話，這位人權官員接著說：「因為過去沒有講人權的概念，老百姓不知道什麼是人權。」看到這裏，感慨油然而生。是啊，人權的步履何以姍姍來遲！1991年從年代上講已是世紀之末，那麼，是什麼使人權成為一個歷史的遲到者呢？

不，這裏應當首先糾正一下我自己。就中國二十世紀而言，人權非但不是一個歷史的遲到，甚至是先行。就其先行而言，這裏至少存在著兩個「第一次」。一個是上述人權和社會主義掛鉤的「第一次」，一個是人權在自由主義背景下正式走上歷史舞臺的「第一次」。如果看時間表，第一個「第一次」是1929年，第二個「第一次」是1991年。今天，我不憚以最好的善意為我們的人權馨香禱祝，還想就此回過頭去，看看先賢走過的人權之路。畢竟歷史是一個必要的鏡鑒。

那是1929年春，國民黨完成北伐，統一天下，開闢了二十世紀歷史上第一個黨治的時代。執政的國民黨顧盼群雄，頤指氣使，以

「訓政」為名，行專政之實。它再也沒想到，一個知識份子和一份文學雜誌，以「人權」為旗幟，向它提出了嚴峻的批評，並導致知識份子和國民黨之間的激烈衝突。這個知識份子就是胡適，這份文學雜誌就是《新月》。儘管人權這個概念並非此時舶進中國，但把人權和中國現實掛起鉤來，並以此問難國家最高統治，從而形成一個自覺的「人權運動」。這在二十世紀的中國史上，是地地道道的「第一次」，而且成為絕響。

1929年春天的上海，本是以文學為主的《新月》，在其二卷二號的頭條，推出了胡適的文章〈人權與約法〉。正是這篇文章揭開了二十世紀中國唯一一次的「人權運動」的序幕。針對當時國民政府頒佈的保障人權的命令，即「無論個人或團體均不得以非法行為侵害他人身體，自由，及財產。」胡適單刀直入地指出：「今日我們最感痛苦的是種種政府機關或假借政府與黨部的機關侵害人民的身體自由及財產」。胡適的話表明，對人權造成侵犯的最主要的力量就是國家權力。在非民主國家，權力直接壓制權利，當時國民黨就是如此。即使民主國家，權力在邏輯上是保障權利的，但實際上，權力依然可能構成對權利的侵害。因此，根據胡適，提倡人權最需要警惕的就是權力。

胡適的「人權運動」正是緊扣這一點而展開。他舉出的例子是，安徽大學的一個學長，因為語言上挺撞了蔣介石，遂被拘禁多天。他的家人只能到處求情，卻不能到法院去控告。按說，一個公民在語言上挺撞國家領導者，是這個公民的批評的權利，但蔣介石把他關押起來，則是動用權力壓制公民的言論權利。這個例舉，具有超時空的普遍性。比如，當記者問及刻下中國存在的人權問題時，該人權官員就承認：「包括行政機關、公安機關、司法機關在執法司法過程中濫用權力，侵犯人權的事情還時有發生。」不妨為這位官員補充一個最近的例子，深圳福田區警方在掃黃時，居然把抓捕的一百多個男女遊街示眾和公審。這是一個極其野蠻的事件，深圳警方濫用權力大規模地侵害了這些道德過失男女的肖像權、人格權和尊嚴權。它的惡劣程度，遠遠超過淫娼本身。

回首幾十年前的「人權運動」，令人高興的是，並非老百姓不知道什麼是人權，而是他們積極地介入了當時的人權運動。胡適文章發表後，隨後《新月》就展開了「〈人權與約法〉的討論」。在眾多的讀者來信中，其中一讀者明確指出：只要國民黨「黨治一日存在，……人民之言論出版仍須受嚴重限制」。這個歷史的癥結，不待胡適，讀者一眼就予以揭穿。有這樣的讀者，方有當時的人權運動。因為人權不是恩賜，而是來自我們自己的自覺和爭取。

由此看來，歷史是一道長流水，雖然曲折，卻有著內在的不間斷性。人權問題，正是如此。

就網路後臺實名駁「個人隱私絕對化」

是退了一步，還是似退實進。今年十月，中國互聯網協會準備推行網路實名制，遭到線民的反彈，筆者即是其中之一。現在，該協會猶抱琵琶，又聲稱嘗試「有限實名」，即後臺實名而前臺任意。但，披了個馬甲就認不出來了嗎？就「實名」而言，前臺的任意名就是後臺的馬甲，繞不過潛伏在前臺之後的眼睛。就「實名制」言，有限云云，不過換湯，藥還是那個藥，當然也繞不過線民之眼。

這次出來發言的是中國互聯網協會的理事長，這位人士說：當互聯網用戶要在網路上表達意見時必須在網路後臺登記自己真實的身份。語出「必須」，可見權力。就網路實名或變相實名，我的意見沒有變化：我發言什麼和我如何發言（實名還是任意名），是我個人的一種選擇，它屬於言論自由的範疇，是受現行憲法保障的一項權利。而中國互聯網協會的官方色彩，我不知道，它究竟有什麼權力規定我必須實名說話或變相實名說話。我上次舉的例子是，連民主投票都可以匿名，網路發言為什麼不可以。

當然，權力自有它的理由，因為「互聯網上的個人隱私不是無限和絕對的」，後臺實名可以「平衡個人隱私、公眾利益與國家利益」，而「不是把個人隱私絕對化」。我們知道，隱私權是一種後起的權利，它是現代文明高度發展的產物。即使就自由之鄉古希臘而言，它有公民參與公共事務的權利，但卻沒有在公共事務之外的私人自由，當然也包括當時根本就無從意識的隱私自由。這種自由遠到二十世紀才逐步進入西方民主國家。轉就權利和權利意識後發展的中國而言，隱私作為權利雖然正在逐步被意識，但，遠遠談不上什麼「個人隱私絕對化」，而且也沒人要把隱私絕對化。難道僅僅網路不實名就是隱私絕對化嗎？這話本身才絕對，而且還是權力絕對化的聲音。

所謂隱私，乃是指一個人不被打擾的權利。在某種意義上，被知道就是被打擾。而不被知道，既針對權利之間的關係，也針對權利和權力的關係。就像我投票，既不想讓我身邊的人知道我投誰，更不想讓權力知道我是否投了它。如果實行網路後臺實名，那麼，在我你他之間（即彼此的權利間），我的確有隱私，任意名的馬甲使你和他不知道我是誰。但，在我和權力之間（網路後臺正是它的轄地），我卻是光著的。我的那些不想被你和他知道的資訊，卻被權力知道得一清二楚。隱私，如果只是對權利是隱私，對權力卻不是，它還是真正的隱私嗎？至此，我才讀懂這位人士為什麼反對個人隱私絕對化。原來，隱私只能相對於權利而言，在權力面前，隱私是絕對不能成為隱私的，否則就是絕對化。

隱私屬於個人，取消它，最方便的說法是抬出國家。後臺實名的理由響噹噹，是為了平衡個人隱私與國家利益間的關係。事關國家，誰還說不。不！個人與國家，關係如此緊密，正如十九世紀法國學者貢斯當所說：「不管在任何地方，如果個人毫無價值，全體人民也就毫無價值」。同理，由全體人民構成的那個國家也毫無價值。因此，權力的任何舉措，包括這裏的後臺實名，都必須充分考慮公民個人的價值和權利，甚至意見。在現代社會，隱私對個人來講，價值排序相當靠前。上個世紀，美國聯邦法院的大法官道格拉斯曾經這樣表述隱私：「不被他人打擾的權利是所有自由的起點」。是的，不過是一個網路發言，網路本身就是「萬人如海一身藏」的地方，我卻「必須」讓後臺那只「看不見的手」拿捏住我。不管權力是以什麼名義，我都感到這是對我的不被打擾的權利的打擾。

令人感到奇怪的是，後臺實名是針對網路發言，網路發言和國家利益有什麼關係？莫非權力把發言就視為損害國家利益？否則為什麼要追究發言的實名，準備秋後算帳？其實，公民個人在公共領域中發言，乃是出於對公共利益的關懷。權力，不要以為只有你才代表公共，公共本來就是每一個公民的公共，我們其實更關心，因為它直接關涉我們自己。

就博客實名制談什麼是言論自由

最近，博客實名製成為多方關注的一個問題，由於它事關「言論自由」，權力和權利兩方存在著意見上的分歧。針對民間擔心實名制會影響「言論自由」，由資訊產業部管轄的中國互聯網協會行業自律工作委員會的秘書長態度很明確：「言論自由是相對的」，推行博客實名制並不懼怕由此帶來的影響。什麼影響？即實名制對言論自由造成的影響。這句話集中體現了權力方的意見，乃至意志。

我不贊成這樣的表述。言論自由歷來是一項敏感的權利，需要小心對待，不宜用這種「不懼怕」的口吻說話。本來，權力就沒有懼怕權利過，權力是硬的，權利是軟的。倒是我作為博客網眾的權利方之一，卻要本著不懼怕的態度和權力討論一下什麼是言論自由。

言論自由從它的內涵來說，並不僅僅指一個人「說什麼」，它同時還包含一個人在身份選擇上的「如何說」。亦即，一個人可以用實名的方式說，也可以用化名的方式說。此種自由和言論本身的自由一樣，是不言而喻的，缺了這一環則是言論自由的殘缺。當然，實名還是化名，這問題在紙媒上不存在，它是一個網路問題。網路和紙媒一樣，也是一個言論空間，邏輯上，它們的遊戲規則應該相同，網路不應被特別對待。比如美國就沒有也不會有網路實名制之類的動舉，因為權力沒有也不會被授予這項權力。至於紙媒可以事先審查而網路不具備，那麼，根據中國互聯網的實際情形，它的關鍵字過濾以及滯後審查之迅即與紙媒已經沒有太大差別，因此，資訊產業部不應輕易啟動強制實名的權力。一旦實施，即有違憲之嫌，因為憲法既然保障了言論自由，同時也就延伸保障了言論身份的自由。

至於「言論自由是相對的」，這是常識；但，我要反過來說：「言論自由是相對的」不應成為妨礙「相對的言論自由」的藉口。當然，在如何理解「相對」的含義上，權利和權力又會有互不相同的解釋。在我看來，言論自由如果是一項權利，那麼和權利相對的便是責任和義務。就言論自由的相對性而言，它不是指有什麼話不可以說，而是知無不言，甚至言無不盡；但，任何一個人對自己的任何言論都要負擔責任，包括法律責任。「相對」云云，就是讓自由與責任互相面對。那麼，如何負擔言論責任？從個人角度來講，言論者張口前要有一定的自律，不要辱罵他人，不要攻擊社會。但從社會管理機制來講，它對責任的追究，不在言論以前，而在言論以後。換言之，言論責任所追究的，是言論的後果而不是它的動機。比如，我的語言對某人造成了事實上的傷害，法律則對我進行相應懲罰。但，如果一種管制方式，不是針對我說出了的什麼，而是預先就讓我感到某些話不能說或不便說，那麼，這種舉措就涉嫌妨礙言論自由了。實名制，正是這種涉嫌方式之一。

事實正是如此。這位秘書長認為，之所以推行博客實名制，是因為「網路言論自由不等於可以胡說八道，此前的一些不良現象應該有所約束和收斂了」。我完全同意約束和收斂的說法，但它主要靠法律，而不是靠實名制。實名也可以，除了它自願。強制推行，非但未必奏效，而且靠它來做到「言論自由不是胡說八道」，就真的妨礙言論自由了。這位秘書長可能不知道，對言論自由而言，他這句話本身未必就不是「胡說八道」。因為言論自由肯定包含胡說八道的自由。每個人對胡說八道的定義是不一樣的，你認為胡說八道，他完全可能是一本正經，彼此間的看法不同而已。如果言論只能表達和你一致的或相近的看法，在你能夠接受的之外，便是胡說八道，便不准它發聲，那麼，還有什麼言論自由可言呢？

在公共領域中發言，其實完全可以匿名。就是在私人相處中，也會有這種情況：當面說客氣話，背後表達真實看法。也許這是人情中的一種固有。它延伸到公共事務上，則表現為民主投票的無記名。既然投票這樣的大事都可以，發表一下公共意見為什麼不可以匿名呢？正是在這裏，才能看到真正的民意。

文化部有什麼權力限制我的嘴和耳

近前，中華人民共和國文化部召開新聞發佈會，聲稱要在全國建立一個「全國卡拉OK內容管理服務系統」。這個系統要建立一個曲庫，以後卡拉OK等娛樂場所送選的歌曲必須在曲庫之中，而曲庫入選的曲目又須經文化部審核。其所以如此，第一理由便是一些帶有不健康內容的歌曲，未經文化行政主管部門審查，以各種形式自境外流入我國卡拉OK場所，對我國文化主權及文化安全構成威脅……

文化部這條行政舉措，意味著什麼？意味著我到卡拉OK之類的場所時，不再如同以往那樣想唱就唱，想聽就聽。我的嘴和我的耳受到了限制，我只能在這條行政舉措審定的範圍內進行我的選擇，或者說，該舉措很明白地告訴我，什麼歌可以唱，什麼歌不可以聽。本來，我唱什麼歌，我聽什麼曲，不用別人奉告，這是我的權利。就權利而言，它是自然權利中屬於私權的那一部分，現在，在非常無辜的情況下，它遭到了公權的侵害，這是權力對權利的侵害。我要抗問的是，文化部有什麼權力限制我的耳朵和我的嘴？

請問文化部的官員們，你們在制定這條行政舉措時，頭腦裏想沒想到法，尤其是憲法。不錯，文化部當然有制定相關政策法規的權力，但，它們不能與憲法衝突。請文化部的官員們打開中華人民共和國憲法，翻到第二章第三十五條，這是「公民的基本權利和義務」，它說的非常清楚：「中華人民共和國公民有言論、出版、集會、結社、遊行、示威的自由。」不言而喻，唱什麼歌，屬於言論自由。而文化部這條行政舉措，卻對憲法保護的該項自由擅自進行限制。因此，用憲法衡量，這條行政舉措的要害是「違憲」。

至於該舉措出臺的第一條理由，根本就不能成立。什麼叫「不健康內容的歌曲」，健康與否，從來因人而異，誰有能力劃出一條清晰的界限？當年孔夫子以「思無邪」刪各地民歌，保留十五國風。可是，這三百零五首的曲庫到了朱熹那裏，卻嫌刪得不夠，還要把那些情愛民歌，比如鄭風、衛風之類統統刪除。因為「鄭衛之風」是迷惑人的靡靡之音。殷鑒不遠，1980年代初，李谷一的「鄉戀」、鄧麗君的四十年代老歌，乃至部分臺灣校園歌曲，不都被視為靡靡之音甚而大張撻伐麼。可是以今天眼光回望，無論鄭衛，還是港臺，何不健康之有。

當然，即使今天，也肯定有人還認為它不健康。那很正常，也沒關係。那是他的偏好，也是他的權利，他可以保留，也可以反對。但他卻不可以以他的不健康的理由要求別人和他一樣拒絕，因為，沒有人給他這份權力。可是，我們看到，文化部現在卻要扮演這個「他」，「他」要用手中的權力來確定一個音樂健康的標準，並且要在全國範圍內推行。這實際上是進行一種全國性的文化管制，是向二十多年前的那個歷史倒退。至於有些曲目來自海外，就構成對國家文化主權和文化安全的威脅，請問，文化官員的文化神經脆弱如此，還有沒有一點應有的文化自信？

從網路民主走向社會民主

今年《時代》週刊的年度人物終於揭曉，這期《時代》封面，是一台電腦的顯示幕，螢幕中央，赫然一個大字「You」。是的，「你」。但，「你」在哪裏？這個顯示幕，同時也是一面鏡子，當你拿著雜誌面對它的時候，你的面容赫然在鏡子裏出現。原來，這個「你」，是你、是我、是他、是她。你我他她，無數線民，一道成了2006年度的時代風雲人物。

對此，《時代》週刊總編輯斯滕格爾解釋說：這個風雲人物就是我們每一個人，每個創造和使用互聯網的人，每個改變資訊時代的人。這個你成千上萬又上億，獲選的原因，是因為你透過使用互聯網控制了全球傳媒。誠哉斯言。網路是一種後發傳媒，而每一種傳媒的出現，都改變了一個時代。當人類最初的傳播媒介——文字——出現時，人類便進入了文明。但這種文明是掌控在少數人手裏的，表現為少數人的「文化權力」。在某種意義上，中國文字所以走上表意而非表音的複雜化道路，正是要讓這一媒介（那時是人神溝通的媒介）控制在少數人手裏。這樣，對文字而言，既可以形成自上而下的壟斷，又可以形成自下而上的崇拜。於是，文字的產生被神話：「昔者倉頡作書而天雨粟，鬼夜哭」。同時，文字的功能也被神話，「一橫」作為筆劃不僅是一橫，而是「一劃開天」。它的反題則是對不識字人的極度蔑視：連扁擔倒下來是個「一」都不認得。由此可見，文字不僅僅是文字，從一開始，它就是一種具有象徵意味的權力資本。

然而，印刷術的發明，這一新的傳播媒介逐步打破了文化權力的壟斷。十五世紀德國的古騰堡，透過他的印刷術使文字在走向普及走向大眾的同時，也使文字的權力資本遭到貶值。當時歐洲就有人一面痛責印刷術散佈不道德的思想和異端，一面警告說，知識階層的擴大會改變權力的意義和分配。然而，技術挑戰文字的野心就是要重新分配既往的文化權力，並使少數人的文化權力轉化為普通人的文化權利。只是這個目標在印刷文明時代難以企及，印刷文明固然可以使普通人獲得文化和新聞等資訊，但諸多其他因素（比如檢查制度的存在），使普通人畢竟難以介入資訊和知訊的發佈、傳播甚至創造。我們看到，幾百年後的今天，從印刷傳媒到電子傳媒——先電腦後網路，人類的文明狀況終於又獲得了一個質變性的改觀。你我他她在印刷時代大多只能充當一個被動的消費，可是，網路文明對普通大眾的低門檻（上網寫作甚至不需要准入證，只需要鍵盤和滑鼠），兼之檢查制度的不復存在（一般它只能滯後處理），使得我們每個人都有可能成為新聞發佈者、文化創造者、知識傳播者、觀念闡釋者、時事評論者和各種各樣的發言人。而且發言的聲音亦即各種資訊的聲音不僅較之印刷媒體更快、更本真、更現場，也更喧譁和更多元。

把每一個線民作為這次的《時代》人物，它的更重要的意義在於：從機構向個人過渡，個人正在成為「新數位時代民主社會」的公民。這是來自《時代》週刊的解釋，還有比這更精彩的解釋嗎？新數位時代的民主社會首先就是一個網路社會，這對一個前民主社會來說尤其如此。在前民主社會由專政向憲政的制度轉型中，民主不妨首先從網路開始，由虛擬世界逐步走向現實世界。因為只有網路上我們才能聽到印刷媒體未必能聽到的多元的聲音。聲音表達意志，聲音伸張權利。如果公民不僅僅是國籍的話，它同時亦指一個按法律規定有權利從事和介入公共事務的人；那麼，這個人在網路上發表自己的意見至少要比在紙媒上更方便也更直接。因此，用網路民主養成社會民主或者帶動社會民主，不妨是我們踐履民主訴求的一種策略或途徑。相信它是有效的，也是不可阻擋的。

最後，我要說，我們每一個線民，在榮膺了時代人物的稱譽時，也就有了一份責任，網路公民的責任。拒絕網路上的暴力、煽動、辱罵、攻擊和非理性等，應當成為我們的自律。如果我你他她不能在網路中形成一個良序的公民社會，那麼，我們就難以度越到現實社會中的良序民主。

詩可以「獄」？

還是在遙遠的周代，每年春秋兩季，朝廷都要派員下到各個分封地，去「采風」。風者，民歌也。采風者採集各地民歌回到朝廷，用以配樂，供宮中享用。另外，還有一個功能，即從這些民歌中觀民風之盛衰、政事之得失。這是一個古老的傳統了，後來孔子總結詩三百，謂「詩可以興，可以觀，可以群，可以怨」。其中，「可以觀」即指上述詩的社會觀察功用，而「可以怨」則指人們可以用詩歌來表達對政事的不滿。

不料，日月如梭，時光倒轉。到了西元2006年9月11日，在中國，在重慶，在彭水（看起來是一個法外「獨立王國」），居然發生一起因詩而牢獄的事件。不，不是事件，是醜聞。秦中飛，一個喜歡舞文弄墨的普通小職員，因為一首諷刺本地政事的「沁園春」，居然被「縣公安局以涉嫌誹謗罪」，「刑事拘留，關押進看守所」，並於「9月11日，縣檢察院批准逮捕」。一首詩逮捕一個人！讓文明社會難以置信。西元前的東西周，那些無名氏們〈伐檀〉沒事，〈碩鼠〉也沒事，兩千多年後，僅僅一曲〈沁園春〉，卻惹上一場刑事災難。這簡直是時光隧道中的歷史倒轉。如果起孔丘先生於地下，也要拍案：難道爾輩連我的詩可以觀可以怨都不懂？難道你們連中學都沒上過？

從民間角度，詩可以怨，這是權利的表達；從為政角度，詩可以觀，這是權力的自警：這樣一個源自先秦的傳統，有其一定的合理性。社會上的不滿、怨恨和憤怒如果用詩表達，至少比透過行為表達要不激烈得多。權力者為其權力打算，也應該察悟於此，並以此自糾。然而，權力往往使人愚蠢，彭水的權力者非但不悟，而且放縱手中的權力，試圖把歷史上源遠流長的「詩可以觀」再度改寫為「詩可以獄」。這是不折不扣的文明醜聞。今天，它勢必要自嚐權力濫施的苦果。權力者不是擔心這首詩「會對彭水對外工作造成極不利的影響」嗎？殊不知，真正不利的影響不是這首詩，而是由你們造成的醜聞。至少，我以前是沒聽說過彭水的。

現在，這個縣的檢察院正在認真辦案，起訴罪名是誹謗。儘管這首詞的主體是對當地政事的不滿（詞中所指俱有現實原型）。但，權力者只能繞過詩可以怨，抓住它的第一句做文章。所謂「馬兒跑遠，偉哥滋陰，華仔膿胞。」它暗含了現任和前任三位縣領導的姓或名（馬、偉、華）。這其實也是一種怨，它明確表達了作者對彭水主事的不滿。如有不妥，卻無有不可。如其不可，那是在權利和權利之間。但現在不同，現在的關係是權利面對權力。在任何一個民主社會，無權力的權利是可以對權力者使用類似的語言。而權力者自己也當明白，既然握有公權，他的某些個人權利（如肖像或姓名等）就未必能與普通平民的這項權利相平等。有所得就有所失，這是權力者必要的代價。如果你不想付出這代價，你就交出公權。當年，美國前總統老布希被人把自己和裸女的照片合成在一起，他只能一笑而已，卻無以起訴公堂。同樣，面對這首屬於文學創作的詞，即使開頭嘲弄，權力者也不如睜眼閉眼，大度置之（如果他聰明的話）。無論如何，權力都不應大動干戈，把人送進牢獄。本質上，這是一首有所怨的諷刺詩，不是誹謗。即使誹謗，也應私訴而不是公訴。刑事公訴，反讓我感到，這個縣的檢察院、法院、公安局都是為縣委書記開的。

從報導中看到，因為詩可以獄，秦作者已經陷於前所未有的恐懼，「他經常半夜裏從噩夢中驚醒。惶恐，焦急，六神無主」。這種恐懼，連同他的家人，也連同許多收到他手機短信的人。對此，不禁讓人想到1941年美國總統羅斯福關於「四大自由」的講演。羅氏四大自由中的兩項，一是「言論和發表意見的自由」，一是「免受恐懼的自由」。秦作者因為前一個自由而失去了後一個自由。這不是秦作者個人的事，而是我們每一個人的事。現在，事件沒結束，官司還在進行。為了走出恐懼，恐懼中的秦作者倒應考慮法律反訴，反訴彭水權力部門對自己的刑拘，此項拘留於法無據。希望他能得到法律界的法律援助！

色情是社會控制的「多米諾」

從電視的本埠新聞得知，在南京線民中影響很大的「西祠胡同」封殺了一個剛剛開張四天的版塊「南京人體（彩繪）模特中心」。當開版人電話詢問網站客服中心時，對方的回答很乾脆：「你的版塊有色情成分，我們已經封掉。」「什麼算是色情？」「只要露點就是色情。」於是，開版人不服，要向法庭討個說法：人體，到底是藝術，還是色情。

這已經是一個生銹的問題了，永遠糾纏不清，因為這裏的界限是因人而異的。一部紅樓，「經學家看見易，道學家看見淫」，你說紅樓是藝術，還是色情。色情其實不是對象，而是感覺，儘管因對象而感覺。人體彩繪在網站監管人那裏是色情，那也許是他在這方面的感覺特發達。因為，我在電視裏看到貼出來的圖片，其中一張是一個女孩雙臂脫上衣的鏡頭，露點、側面，不說那婀娜的身姿，正對鏡頭的臉上，洋溢著的是健美運動員般的笑容：舒展、自信、陽光。這樣的女孩被視為色情，我方明白什麼叫「褻瀆」。

不過，我倒不想為那些圖片辯白，一個人要是長著一雙時刻警惕色情的眼，那也真算功德無量。這裏，我想索問的是色情和藝術的關係，因為這場官司爭辯的焦點無非到底什麼是藝術、什麼是色情。喜劇地是，這是一個低智商的問題，卻要上法庭去一本正經。

色情與藝術是「東澗水流西澗水」（白居易），兩者從不涇渭。換言之，色情未必不藝術，藝術何必不色情。例以《金瓶梅》，是色情無疑，是藝術也無疑。再例《查泰萊夫人的情人》，當然是藝術，也當然是色情。藝術與色情是一對俏冤家，打人類和藝術誕生起，它們就像男人女人一樣難解分。都說文學永恆的主題是「愛與死」，這愛，無論是情愛還是性愛，都包含了色情的成份。一部盤古以來的藝術史，如果把色情剔除乾淨，這樣的藝術史是只有骨頭沒有肉的。因此，我甚擔心，色情還是藝術，交給一個冷冰冰的法官去裁斷，而且是出於法官個人的自由心證，那手中的法錘呵，舉起來，是生命中不能承受之重，落下去，是生命中不能承受之輕。

現在，乾脆拿掉藝術，讓我們直面色情。這已經是一個洪水猛獸般的詞了，它能讓一個人因為它判無期。仔細打量這個詞，色者，姿色也，在男權社會，這是女色，在平權社會，也指男色。因色而情，此情者，慾之情也。因此，色情便合成一個字，性。性是人性中的基質，是大自然對人類的饋贈。它讓人繁衍，也予人快樂。可是，不知從什麼時候起，人把自己的性當成了自己的敵人，在視覺上也把它懸為厲禁。這是為什麼？如果說，在原始時代，這樣的厲禁是出於不可避免的愚昧；那麼，在文明社會，如果厲禁依然，則只能把它看作是一種社會控制方式了。還有什麼能比控制人的本性更有效的控制呢？進而，人的本性都可以控制，那麼人的其他一切（比如思想），又為什麼不可以控制呢？這時，色情的要害才浮出水面，色情不在於它是色情，而在於它是社會控制的「多米諾」。

我不是色情主義者，但我認為色情是一種權利。就一個自由和開放的社會而言，就像它不會由色情主導一切，這個社會的一切中卻肯定包含色情的成份。有意味地是，正是從這裏，可以幫助我們判斷這個社會的性質。比如，社會性質離我們最遠的英美社會，如果性是一種自然，色情就是自然權利之一。它意味著，對一個人的眼睛而言，赤橙黃綠青藍紫，什麼顏色都可以看。在並未妨及他人的情況下，國家體制沒有控制一個成人只能看紅色不能看黃色的權力。據此，那個社會可以被判斷為「寬容」社會。因為在那個社會中，肯定也有討厭色情的人，甚至是主流；但社會制度卻讓他們容忍了另外一些人可以和他們趣味不同。

回到我們的社會，如何文明地對待色情，也需要慢慢培養。但此次「西祠胡同」不容分說就關閉人體版塊，做法和說法都過於峻急。至少，那些圖片對很多人來說，是難以視為色情的。即使你認為色情，也可以先行警告一下，何必一棍子就打死。

一個不合格的人大代表

面對《南方週末》的記者，鍾南山院士在對廣州治安發難時率先就自己的身份表了態：「我不是法律方面的專業人士……，我還是想說說對廣州治安的看法，儘管可能是外行的。」如果我們知道，鍾院士是全國人大代表，而人大本身就是一個立法機構，身為國家最高立法機構的代表，鍾院士卻聲稱自己是法律外行，那麼，這個樣子的人大代表又怎麼能夠讓人放心！

鍾院士因為自己的手提電腦被搶，對廣州太多的「外來人口」憂心忡忡，因為對這些「無業遊民」無以形成有效的監控，甚至那些「偷竊與搶劫的人，和城市流浪人員只有一水之隔」。於是，鍾院士便對業已取消了的收容制度發表意見，話雖委婉，意思卻很明確：「一下子否定和廢除收容制度，我有不同看法」。我們知道，2003年收容制度的廢止，除了實踐中的弊害無窮（如無數的「孫志剛案」），同時也因為它在法理上的違憲。如果我們承認遷徙自由是一項需要保護的基本人權，收容遣返則是對這項人權的直接侵害；那麼，根據它的違憲性，人大本應恪守「不得立法」的原則，而它卻在這塊土地上橫行了那麼多年。它的取消，是孫志剛們以生命的代價換取。至於帶出的治安問題，只能求諸他策，絕不能在這個問題上走回頭路。否則，孫志剛們白死一場。然而，鍾院士身為人大代表，卻在為這條廢除了的惡法而反覆，端的令人不解。

更令人不解的是，鍾院士對記者說：「在設計法律制度方面，我們應以什麼人為本？就是應以好人為本，而不是以壞人為本。」以人為本當然很好，但不能把人先在地分成好人和壞人。因為，在法律設計上，它的眼中只有人而不管他是什麼人。其所以如此，在於法律對人的懲罰是滯後性的。在一個人沒做壞事之前，法律只把他當人看，而不能把他當壞人看。這就意味著，法律必須同樣保護可能是壞人的權利；並且即使是壞人，他的有關權利（而不是全部）依然在法律保護的範圍內。如果法律以好人為本，則意味著，只有好人才有人權而壞人無人權。這就不難理解文革中被視為叛徒內奸工賊的劉少奇為什麼死無葬身之地，因為法律不保護這個「壞人」。由此可見，「以人為本」必須是每一個具體的人，它無分男女老幼、亦無分善惡好壞。本來，以上內容不過是有關法學方面的基本知識，可是作為國家立法機構的代表卻在這道知識題上不及格。這無法不讓人吃驚。

可以注意到，鍾院士在說過上述的話之後，又特意補上這樣一句：「對敵人的寬容就是對人民的殘酷」。「人民與敵人」本是「專政體制」的一對範疇，它和「憲政體制」的概念，比如「公民與罪犯」，非但性質不同，更反映了這是兩個不同性質的時代。人民是一個政治概念，什麼是人民，政治可以根據自己的需要作出不同的解釋。比如抗戰，一個地主因為抗日，他可以屬於人民。可是到了土改，他就從人民變成了敵人。所以《辭海》解釋人民時指出：這一概念在各個不同的歷史時期，有著不同的內容。公民不然，它不是政治概念，或者，政治對它無以指手畫腳。為什麼？公民只需一個條件，即國籍。國籍所在，人人都是公民。如果專政時代的劃分，不是人民就是敵人；那麼，憲政社會的劃分則只有公民和罪犯，後者是指那些因破壞公共秩序而被繩之以法的人。其不同在於，憲政社會的罪犯是人但不是敵人。敵人由政治確定而且先於法律，罪犯與政治無關卻只能由法律裁決。另外，罪犯只有在刑期才是罪犯，之前和之後都是公民。敵人不然，除了政治轉向，它始終都是敵人，始終都是被政治打擊的對象。

我們現在正處由「專政體制」向「憲政體制」轉型的時代，如果我們的意識還停留在人民和敵人的劃分上，那就意味著我們要重回轉型前。這前後的區別在於：如果說美國的小布希沒有任何權力把誰打成罪犯，史達林卻可以把他要消滅的任何一個人說成是人民的敵人。專政時代是一個殘酷鬥爭無情打擊的時代，因為「對敵人的寬容就是對人民的殘酷」。然而，憲政社會套用這個詞，就意味著一種危險。比如，搶奪院士電腦的是敵人，那麼，任何手段的打擊都不過份。它不需要法律，因為法律是保護人的，而人自然又包括這個有可能犯罪的人。甚至這種打擊可以提前，至少它可以把那些可疑的人統統當作敵人來監控和收容。可見，敵人是一個多麼危險的詞，它曲徑暗通我們以前那種無須法律或法律形存實亡的社會。鍾南山院士眼中有敵情，腦中卻無公民意識，他是多麼需要補一補有關憲政時代的公民課。

自稱法律上的外行，加上法學知識不及格，更兼公民意識缺課，這無法不讓人感到，這是一個不合格的人大代表。

「要怎麼收穫，先那麼栽」

當年，辦《觀察》雜誌的儲安平向胡適先生求字，胡適給他寫了這樣一個條屏「要怎麼收穫，先那麼栽」。這是胡適年輕時就表達過的意思，也就是種瓜得瓜，種豆得豆。雖然說的不是教育，但對「百年樹人」的教育來說，無疑也是格言。

據前一段時間河南《大河報》等媒體報導，鄭州市某民辦小學這樣向記者展示自己的辦學特色：上下課時小學生唱著《兒童團之歌》，手握紅纓槍站崗值勤；學生偷拿家中的錢上網吧，學校開批判大會；老師和學生都拿起當年的《毛主席語錄》，苦學「老三篇」；故意讓學生搶蘋果，體驗弱肉強食的激烈競爭。面對一片唏噓聲，該校校長稱這是「紅色教育」，要堅持下去。

身為教師，我實在難以認同這樣的教育，它和時代脫節不說，關鍵在於你的教育理念是什麼，你要把孩子培養成一個什麼樣的人。對於一個文明社會而言，學校教育除了給孩子必須的科學文化知識外，育人之「育」，無疑應該是那些屬於人類普世價值的內容，比如人道、人性、愛、互助、理性等。尤其應當注意的是，執掌教育的人不宜把自己的某些價值偏好、甚至是某種特殊顏色的意識形態強行灌輸給學生。學生尚小，特別是小學生，年幼乏知，同時缺乏選擇和分辨的能力，給他吃什麼奶，他就長什麼肉。像現在這所學校，耳邊是「兒童團」，手中是「紅纓槍」，它所營造的是戰爭年代和階級鬥爭的氛圍。那個時代強調的是對敵鬥爭，紅纓槍的指向是敵人，兒童團鬥爭的也是敵人。難道我們今天還要把敵人以及與敵人並生的仇恨灌輸給孩子？《紅燈記》裏面的唱詞「仇恨的種子要發芽」，難道我們希望這些孩子長大後住在一個你死我活的社會？尤為不忍的是，學生偷家中錢上網，學校居然組織批鬥大會。這是把學生當敵人，或者人為地製造敵人。當他們還沒學會愛的時候，卻學會了鬥爭，而且是用這種侮辱人格的方式。這裏，受害的學生應該是雙方，被批鬥的學生，他的成長心理所受到的損傷不言而喻。那些被組織的學生，心理同樣扭曲得如同非人。可以想像，兒童的心目中如果充斥著敵人、仇恨、鬥爭，那麼，他長大後會成為一個什麼樣的人？

人是教育的產物。這位小學校長就是那個時代的活生生的產物。現在他卻透過他手中的權力試圖恢復那個時代的教育，並振振有詞地聲稱：人們通常把教書育人的老師喻為靈魂的工程師，其實做得好了就是工程師，做得不好，無形中就成了屠夫，因為他毀的畢竟是一代人啊！「教師是人類靈魂工程師」本身就是一個不倫的說法，姑且不論。這裏說的「屠夫」，倒不失為反諷。什麼是屠夫教育，法西斯教育就是屠夫教育的一種。什麼是法西斯教育，如果時光回到上個世紀的一、二十年代，墨索里尼在義大利上臺後，按照他的理念積極推行教育改革，聲稱「一個理想的法西斯主義者，是左手一桿短槍，右手一部書，二者缺一，便是本黨的病態，不健全的象徵。」為了讓學生受到法西斯的訓練，法律規定，一個孩子，六至八歲時參加法西斯的「狼子團」，八至十二歲加入法西斯少年的「巴里拉」，十二至十八歲則參加法西斯的「先鋒隊」。於是，六至八歲的初小學生，按狼子團的組織進行象徵性的訓練，手中拿的是「狼子棍」，耳邊聽的是法西斯歌曲，著裝也要求統一。這種教育有意營造戰爭氣氛，讓學生經常沉浸在廝殺的心理狀態中，用以養成好勇鬥狠的潛意識。

雖然，這樣的學校目前只看到這一家，但它帶出了教育產業化中的一個重要問題：是不是什麼人都能辦教育，只要有錢。抑或，只要有資格辦教育，就可以按照自己的意志和偏好為所欲為？這位校長聲稱：「走自己的路，讓別人說去吧」，他有權力把屬於歷史倒退的內容重新搬上教育講臺？這不是什麼走自己的路，而是強制性地要學生也走自己的路。我不知道學生的家長是否同意，他們是有反對的權利的。教育固然可以由私人來辦，但教學卻屬於公共領域，它需要接受來自社會的公共規範和制約。像這所學校在辦學方式上如此乖張又如此偏邪，社會有責任要對它叫停。

搬起石頭砸頭-2007年

廣電官員們，請你別擋我的眼

權力永遠不甘寂寞。據媒體報導，廣電總局最近下了一個文，規定全國各地電視臺選秀類節目的播出時間不得超過兩個半月。顯然，這個規定是針對這兩年來吸引很多電視觀眾的「超女」、「好男」等。這個規定對它們來說，不啻一柄得摩克利斯懸劍，什麼時候從頭上掉下來也未可知。廣電總局既然可以下令縮時，為什麼不可以叫停。反正它有的是權力。

這是一個莫名其妙的權力。一個出自民間的節目，在編創人員的努力下，迅速成型，還在生長，不但贏取了一個廣大的觀眾面，由此亦獲得良好的市場效應。本來這是一件多頭得益的事，皆大歡喜（就是皆大不歡喜也沒關係，它會自然關門）。可是，這樣一個很正常的電視播出狀態，其間還包含著電視市場的自然選擇，不知道如何觸犯了高高在上的廣電官員，也不明白這次為什麼要勞動勤劬的官員們，硬要把自己的權力之手插進來？我很想聽聽官員們的解釋，為什麼是兩個半月而不是三個半月或一個半月？這裏有什麼客觀依據，抑或是權力（者）自己的好惡？

一個社會當然需要權力，否則將淪入無政府。但如果從這個極端走向相反，權力無處不在又無孔不入，這個社會又將陷為專制。如果這兩個極端都不要，那麼，我們的選擇就是它的中間態。可以把這個中間態描述為「小政府，大社會」。「小」「大」乃相對而言，它的基本意思是：權力是小的，權利是大的。因此，政府權力應當小於社會權利。在權力和權利之間，當然還有一個邊界。該邊界的存在，既已排除了無政府的可能，那麼，需要警惕的就是行政權力越界。道理很明顯，在既定的社會空間中，權力長一分，權利小一寸。當權力按照它的慣性向社會擴張——如果不加控制的話——並且它的覆蓋面又覆蓋了社會的整個方圓，專制就出現了。可見，專制的趨勢就是權力向權利擴張的趨勢。

就這個規定而言，正是權力向權利的擴張。任何事都是互相的，當我們作為非權力方首先承認權力的必要時，權力本身也應當自律，守住邊界，不要出位。出位意味著濫用，而每一次濫用，都將導致權利的損失。眼前這兩個半月的規定，就像商貿部可以規定生產廠家褲腳的長度和褲腰的低度一樣，是一種典型的行政越界。它用它的權力至少妨害了這樣兩種權利：一個是各地電視臺的權利，一個是我們自己即觀眾的權利。

本來，各地電視臺播出什麼節目、播出多少時間以及在什麼時間播出等，應該是各地電視臺自己的事。自己經營，自己負責，畢竟又沒花廣電總局一分錢。廣電總局即使有權力，也該明白，國家體制正在向市場轉型，而向市場轉型的內在含義，就是把政府單一的計畫權力轉型為社會各單元的自主的權利。一個有著良好生長態勢的節目，在電視市場中脫穎而出，這本來和權力不相干。可是權力突然出面，要把它統一和計畫在兩個半月內，這分明是舊體制的權力慣性。其結果，它在壓住節目時間的同時，也就壓住了它的發展空間，最終導致電視臺利益受損。

另外受損的就是我們。現在電視不是免費的，無論有線還是數字，我們都在付費。在付費的同時，我們和我們的眼球就有了選擇的權利。看什麼和不看什麼，是我們自己的事，不需要有一隻手——特別是行政權力的手——在我們的臥室裏操縱我們的遙控器。假如一個節目能夠連續播放而又有廣告支持，這本身就說明觀眾的選擇。現在這個選擇被權力限制，它要求我們想看的節目縮時，以便讓給那些它想叫我們看的節目，比如這個旋律或那個旋律。這是不是對我們手中的遙控器的侵犯？廣電總局近年來出臺的一系列規定包括這個規定，都帶有明顯的意識形態含義，這裏姑不分析。但不要忘了，付費的我們有自我選擇的權利，權力應該懂得尊重它，而不應該以各種行政方式把自己的好惡當作全體觀眾的好惡。

作為一個觀眾，最後我只想講一個小故事。古希臘時，亞歷山大大帝路過正在曬太陽的第歐根尼。走到這個哲學家的面前，亞歷山大問自己可以為他做什麼。第歐根尼說：別擋我的太陽。接過這句話，我想說：廣電官員們，別擋我的眼！

電影分級為什麼被一個電話叫停

據北京《青年週末》：本屆「兩會」的人大代表彭富春和政協委員鞏俐再次對「電影分級制」提出建議。其實早在2003年3月的全國政協會上，政協委員、著名編劇王興東就有過提案。時間過去四年，該提案卻遲遲沒有下文。據該報稱，某電影界知名人士向該報透露，電影分級制的進程被一個電話叫停。打這個電話的是一個「老同志」，他在電話中質問：「你們想搞電影分級制？想放這種電影啊？」

一個「老同志」和一個電話，便使電影分級至今仍是泡影。這個現象很不正常，但也很「中國特色」。可以說，電影分級作為制度業已為世界各文明國家所採納，近在一國兩制的香港，也在1980年代開始實行電影分級，而我們習稱的「三級片」，就是港片中只准十八歲以上年齡人觀看的第Ⅲ級。然而，我們呢，已經主動擺出融入國際社會的姿態，卻在這個急需融入的問題上藉口不已。這不由不讓人生疑：融入國際文明社會，是可以落實到實際的真動作，還是徒然擺給人看的一個姿態？否則為什麼輪到落實時，我們經常看到的是，抽象肯定，又具體否定。

本來，一個人拍電影，拍什麼或怎麼拍，是他自己的權利，無所謂分級與否。可是，一部電影面對的觀眾卻是不同的，至少有年齡層次上的區分。某些電影內容，包括成人的、暴力的、恐怖的、宗教的，可能對一定年齡段的兒童不適宜，就像恐怖片對成人不妨是一種精神體驗，對兒童卻容易造成心理傷害。於是，電影分級制應運而生。它的出臺，顧及了正處在成長中的兒童或青少年的身心特點，這本身就是一種文明的表現。至少家長看到電影的級別就可以判斷是否讓自己的孩子去看。否則，出現這樣的錯舛就不奇怪。2002年在無錫的金雞百花電影節上，一部描寫同性戀的電影被安排在一所小學放映，結果在全校師生中引起軒然大波。

電影分級，不僅保護了兒童，也在保護創作自由。就以上同性戀題材為例，當然也包括其他一些成人內容，它不適合兒童，但適合成人。因此，這樣的片子屬於創作自由——如果用憲法語言表達即「言論自由」——的範圍，不接受任何權力的干涉。作為個人，他或她對不喜歡某些成人內容的片子可以選擇不看，但社會包括社會權力卻不能以各種道德理由或意識形態理由進行壓制。然而，真正做到這個意義上的創作自由，正需要電影分級提供保障。在影片分級制度下，我只要我的片子不讓兒童看就可以了，它所需要的僅僅是注明片級。審查制不然，審查者如果想封殺一部片子完全可以用「兒童不宜」為理由，而它實在也是一個理由。因此，這樣的狀況不僅使創作自由成為空話，還為創作不自由提供了堂皇的藉口。

一句話，電影分級可以讓大小老少的觀眾各得其宜，沒有電影分級而又說禁就禁，無異於把兒童當成人、又把成人當兒童。這樣一個有成例可以援引的制度在中國卻這樣難產，而其背後又是「老同志」的一個電話。這確實讓人感到中國特色不愧是中國特色！這個特色說到底就是權力特色。其「特」在於老同志是曾經的權力者，現在不在位了，但卻能強勢影響某一方面的大局。這樣一個在權力之外的「特權」的存在，對一個國家的制度建設極為不利，這已有教訓。且不說這位老同志是否有他的偏見，即使他的意見是對的，也只是意見而已，可以拿來和不同的意見討論，哪怕最後採納了它。但它卻不能代替權力或直接成為權力的裁決。社會權力姓公不姓私，它是對全社會負責的。不能讓一個人的一通電話改變權力的性質，因為這樣一來，社會公權豈不就是對老同志負責，甚至是對某一個人負責？當然，在電影分級上，權力本身就不想開這個口。也是那篇報導：一位廣電官員在今年的一次電影會議上說：上邊有指示，不許再提電影分級的事。張口就是「上邊」、就是「不許」，這是典型的權力意志。一個國家如果僅靠權力左右一切，或者一切都以權力為轉移而不考慮權利，那麼，這個國家顯然就是非民主的。

電視不是喉舌是媒體

「在中國做電視劇你智商不夠，遊戲規則沒搞清楚，你還怎麼玩電視劇？在資本主義國家電視臺都是私人的，願意播什麼播什麼，只要不違反國家法律。在中國，電視是黨和人民的宣傳喉舌，這是它的主要使命，其次才是娛樂性。」這段話是國家廣電總局電視劇管理司一位副司長級別的官員在接受採訪時的一段告白。這樣的聲音已經有了半個多世紀的歷史，聽起來振振有詞，但不能忽略這振振有詞後面的問題。

這段話的點睛處顯然是這一句：「電視是黨和人民的宣傳喉舌」。「喉舌」云云是一種比喻，而任何比喻在意義的確切表達上都是跛腳的。因此，如果要準確地解釋什麼是電視，只能說電視是一個媒體。那麼，什麼是媒體，媒體是資訊發送和資訊接受之間的一個仲介。電視就是這樣一個仲介。既然是仲介，它的立場就應該是中性的，亦即它不偏袒也不鄙薄任何資訊，或者說，任何資訊，在沒有違反法律的前提下，道理上，都應該被媒體播放或播送，以滿足不同資訊接受者的不同需要。當然，媒體也有不播放或不播送某種資訊的權利，只是這種裁量權在媒體自身而不在行政。根據這個簡要的表述，可以知道，媒體在公共領域中，它不姓「國」，也不姓「私」，而姓「公」。它是國家事業單位也好，私人股份也罷，只要一進入公共領域，從功能角度而不是擁有角度，它是且僅是「天下之公器」。

在以上這位官員的表述中，顯然混淆了一個問題，這也是一個智商問題：把媒體的擁有和功能相等同。好像媒體私人所有，這個人想怎麼玩都可以。按照這個邏輯，媒體屬於國家，豈非國家想怎麼玩就怎麼玩。不知道這是哪一門子的遊戲規則？一個私人擁有的媒體，其實並不敢按照一己之私的興趣、偏好和價值取向去玩，除非他不在乎這個媒體在資訊市場中劣汰。好在那些媒體人不會在這個問題上低智商，他為了他自己的利益最大化，也得在媒體功能上遵守公器從公的規則。如果不遵守，即使是國家媒體，都有可能公器私用。因為國家作為權力機構，它事實上是由身為個人的權力者掌控的。權力者如果不遵守媒體自身的職能特點，一味透過它來灌輸和播布自己的權力意志（很可能就是權力者自己的意志，包括他的興趣和偏好，卻又頂戴著公共權力的名頭），並排斥其他；那麼，這個媒體已經公器私用了。這道理如同公共財產完全可能被權力者監守自盜一樣。

可以看一看把電視表述為喉舌和媒體的不同。喉舌是發音的，但，它只能發出一個人的聲音，就像我的喉舌發不出你的聲音。媒體不同，因為它是仲介，透過它既可以發送我的聲音，也可以發送你的聲音，還可以發送他的聲音。比較之下，喉舌是向心的、封閉的，而媒體則具有開放性。換言之，喉舌是一元的，媒體則多元。如果我們認為，言為心聲，我口即我心，這就註定喉舌不可能成為公器，除非假嗓子。但，假嗓子好像是其他聲音，仔細一聽，還是那一條，混不過去。媒體不然，如果它發出了你、我、他的聲音，三人為眾即為公，公眾的聲音就是它的聲音，那麼，它不是公器是什麼？

儘管這位官員在「喉舌」前加上了「黨和人民」。但問題於事無補。黨是由黨員構成的，任何黨員都是人民中的成員；那麼，我們就看範圍更大的人民吧。正因為人民的範圍更大，大到任何人都無法把它一體化，所以，人民的喉舌很容易變成一個「空洞的能指」。如果人民是指除罪犯之外的所有人，這所有的人肯定不是鐵板一塊。他們根據興趣、偏好、價值取向的不同，可以形成不同的社群。在公共領域中，每個社群都有權利發出自己的聲音。請問，電視作為喉舌，喉舌作為一條聲，它到底發出誰的聲音呢？在這裏，「喉舌」一詞捉襟見肘，「媒體」一詞則左右逢源。是的，媒體，只有媒體，才不充當任何人或任何社群的喉舌，而是讓它們平等地發聲。因此，就電視屬性而言，是喉舌，還是媒體，就不是一個語用問題，而是一種「政治正確」的選擇。

什麼樣的選擇就暴露什麼樣的政治面目。

批評的聲音對媒體來說更重要

曾經寫過一篇未能發表的有關什麼是媒體的文字，不意正好可以用在這裏，因為我從最近的《南方週末》上讀到一段由教育部發言人王旭明先生談媒體的高論：「我們的媒體都是國家辦的，用的是納稅人的錢辦的媒體。那麼我認為我們這個媒體，為國家說話，為納稅人說話，是理所應當的。我們和西方的媒體形勢並不一樣，我們不是私人老闆辦的媒體，這個資本家辦的媒體代表的是集團的利益，那我們這個媒體自然應該代表國家的利益。」

似是而非。看來王旭明先生並不懂什麼叫媒體。他所謂的媒體以前有個詞，現在不常用了，叫「喉舌」。喉舌就是誰出錢辦，就替誰說話，就發出誰的聲音。媒體不然，它不是發出錢者的聲音，更不是為出錢者說話，而是讓各種資訊本身來說話。媒體是資訊發送和資訊接受之間的一個仲介。既然仲介，它的立場就是中性的，亦即它不偏袒也不鄙薄任何資訊（聲音），或者說，任何資訊（聲音），在沒有違反法律的前提下，道理上，都應該被發表或播送（用以滿足不同資訊接受者的不同需要，因為大家都納稅）。就公共領域而言，媒體不姓「國」，也不姓「私」，而姓「公」。它是國家單位也好（如中國），私人股份也罷（如美國），只要一進入公共領域，從功能角度而不是擁有角度，它是且僅是「天下之公器」。

王發言人認為媒體是國家辦的，它就為國家說話。為了加強說服力，還援引西方國家為例。西方媒體當然是私人辦的（因為國家不准辦），難道它（比如《紐約時報》、《華盛頓郵報》等）成天就在為各自的老闆說話？常說「偏見比無（所）知距離真理更遠」，我不知道王發言人屬於其中哪種情況。須知，媒體的擁有不等於媒體的功能。一個私人股份性質的媒體，並不敢按照私人的立場、偏好和價值取向去辦，除非他不在乎這個媒體在資訊市場中劣汰。事實上是，他為了自己的利益最大化，也得在媒體功能上遵守「公器從公」的規則。這個規則，對國家媒體也一樣。否則很可能公器私用。因為國家作為權力機構，它事實上是由身為個人的權力者掌控的。權力者如果不遵守媒體自身的職能特點，一味透過它來灌輸和播布自己的權力意志（很可能就是權力者自己的意志，包括他的興趣和偏好，卻又頂戴著公共權力的名頭），並排斥其他；那麼，這個媒體已經公器私用了，或者喉舌化了。這道理如同公共財產完全可能被權力者監守自盜一樣。

至於王發言人認為：「媒體應該全面準確、及時有效地去宣傳國家政策。……最近幾個月來，中央電視臺、《人民日報》、《中國青年報》等很多中央媒體，每週一都有一個《政策解讀》的欄目出現……這是一個好的開始。」但不要忘了，媒體並不是權力的傳聲筒。政策公示或解讀固然需要，但它主要是政府發言人的事，比如王本人吃的就是這個飯。至於媒體，應該更注重的是對各種政策的評論，包括批評。這不是唱對臺戲，而是輿論監督。在王發言人那裏，媒體好像沒有輿論監督的份，這恰恰是媒體公共性的喪失。

當然，王發言人在聲稱媒體為國家說話時，也提到了為納稅人說話。在他那裏，這兩者的關係是並列的，其實不然。不僅納稅人和國家（政府）是不同的利益體，而且納稅人本身在利益上也不是鐵板一塊。即使在美國那樣的民主社會，政府既然從納稅人那裏獲得稅收，它就是一個獨立於納稅人的利益對象了。它當然有它自己的利益訴求，這種訴求和納稅人的利益又常常不一致。所以，美國共和黨總是主張壓低稅收，還利於民。如果這時政府既要高課稅，又要媒體為自己的高課稅說話，那麼，納稅人的利益和要求又由誰來說話呢？

媒體，如果不是喉舌是媒體，所有人都能找到自己說話的地方。因為喉舌只能發出一種聲音，就像王發言人不可能發出我的聲音，而我的聲音只能到媒體上去找發佈的地方。就今天的中國媒體而言，如果它可以發出權力的聲音，更應該發出各種權利的聲音，包括權利對權力的批評的聲音。因為對媒體來說，批評的聲音更重要。

「非法出版」誰非法？

吳幼明是湖北省黃石市公安局屬下的一位員警，前一段時間被該市公安局辭退，原因是他所自辦的民間雜誌《水沫》被認定為「非法出版物」。對此，黃石市公安局新聞發言人特地聲明：「辭退他，就是因為他非法出版，不再適合當員警，與他在網上的言論無關。」這樣的表白屬於「此地無銀三百兩」，這裏不管。但，作為辭退理由的所謂「非法出版物」，倒可以議論幾句。

出版物就是出版物，在它前邊加上個「非法」，當然是中國特色了。中國特色何其多！禁不住讓人仔細打量這個詞。所謂「特色」就是大家沒有你獨有，反過來說，就是你和大家共有的、普泛的遊戲規則不一樣。當然，如果是純粹的遊戲固也不妨，比如你有國際象棋，我有中國象棋。但作為公共生活，如果你制定的規則刻意與普世價值不一樣，甚至反普世，那就是你的價值標準出了問題。所謂「非法出版物」正屬此類。按照普世常態，一個人把自己或他人的文字（這裏僅以文字出版物為例）編輯起來，出資印刷，提供給願意購買閱讀的人，是再正常不過的事。這是一個公平交易，願寫的付出勞動得到報酬，願看的付出報酬得到享受。這裏，除了發生彼此的權利侵犯外，不存在非法。那麼，在什麼情況下會有非法出現呢？那就是在「A寫B看」的交往中出現了第三者，即C，它規定A的出版必須經過自己的批准，否則即非法。

這個C就是國家行政權力。問題是，國家行政是否有批准出版的權力呢？有，又沒有。在登記制的意義上，它有。那是為了出版業的管理，至少出版需要註冊和備案。然而，超出此意義的權力，即審批的權力，它沒有，也不應有。因為審批的權力，來源不明。就登記制而言，顯然是普世公例；就審批制而言，那就是中國特色了。對《水沫》雜誌的定性，依據是2001年底國務院發佈的《出版管理條例》。根據該條例，《水沫》的確違規，吳幼明未經黃石市新聞出版局的備案就編印雜誌。但，現在需要考量的是該條例本身。吳幼明即使走申請程序，也無以獲得批准，因為該條例兼具備案／審批之權力。問題就在這裏。對備案的權力，我當然支持；對審批的權力，我不妨質疑。我的疑問是，如果《水沫》未經備案而違規，那麼，《水沫》和《條例》，誰違法？

「非法出版」本身即違法——這是我的看法，而且它違反的是憲法。這裏有必要重申《中華人民共和國憲法》第三十五條：「中華人民共和國公民有言論、出版、集會、結社、遊行、示威的自由。」什麼叫「出版自由」？如果一個公民願意出版其作品，只要履行了必要的登記手續，他就有權利出版它，並且誰都不能干涉。這就是出版自由。由此可見，按照憲法本身，不存在「非法出版」的問題。「法無禁止即自由」，何況憲法把出版自由說的夠清楚。那麼「非法出版」的「法」是什麼法呢，它就是《出版管理條例》。這就讓人感到奇怪，合憲的居然卻不合法，這到底是個什麼性質的法？事情很明顯，《條例》作為一種權力，它在出版備案之外還要審批，或者把備案就當成審批，這本身就是對公民出版自由的干涉，而這種干涉是「違憲」的；因為憲法並沒有也不可能賦予它審批的權力。

我認同我們的憲法，它的某些條款符合普世價值，但不認同現行的出版條例，它只是中國特色。中國特色不應違反普世價值；同樣，作為法律或法規，下位法也不能違反上位法。面臨《水沫》的被處置，我既部分性地贊成，同時也送上個建議。所以贊成，是因為它沒有備案，違反程序。建議則是，如果吳幼明願意，索性就把這個程序走一遍。他可以去黃石市新聞出版局為《水沫》的出版正式申請備案。該出版局如果批准，很好，它是在按憲法辦事。如果不批，對不起，它是在按「條例」辦事，而這個條例和憲法是不符的。接下來，就可以打一場「非法出版」的官司，告黃石市新聞出版局違憲。

當然，我並非不知道，這個官司打不起來也打不通，至少我們還沒有可以告訴的憲法法院。這裏只是一次「沙盤推演」，但它表示了我們捍衛憲法的意志。

「彭水詩案」為什麼到現在還不結案

「彭水詩案」案發時，我曾寫過一篇評論。今讀報，看到有兩會代表把這個案件帶到了今年的兩會上，感到很高興。報紙甚至有主張將該案列為兩會議題，此不失為一個很好的建議。特別是人大，作為國家最高立法機構，面對這樣一個業已在全國造成影響的「違憲」案，沒有理由等閒視之。尤其是，案子發生到現在，已經數月之久，案發當事人甚至已經在行政職務上履新，可是案子本身卻遲遲沒有了結。這不得不讓人疑問。這次人大，作為全國人大代表的重慶市副市長，面對媒體提問時，對該案的回答又那麼「舉重若輕」。這一切，實在無法讓我不再說話。

我很理解有關媒體為什麼對「彭水詩案」盯得這麼緊，因為它不是一個普通性的「違法」案，而是一個「違憲」案。違憲當然也是違法，然而是性質更嚴重的違法。這個意思可以分兩層說。第一，如果邵建我可以違法，但我邵建卻無以違憲，因為我手中沒有權力。也就是說，一般公民是不會違憲的，只有擁有行政權力的政府或官員才有違憲的可能。僅就違法言，權力違法遠比權利違法要可怕，特別是在權力可以制壓權利，而權利卻不能制約權力時。可以想像秦中飛在拘押一個多月中的那份無助和無望！第二，權力既可以違法，也可以違憲，比較之下，權力違憲比權力違法更可怕。道理很簡單，憲法是母法、根本法，上位法，如果連憲法都不在眼中，那眼中也根本沒有法律了，或者權力就是法。另外，憲法又是我們每一個公民的權利保障。當年美國先賢製定憲法時，無論如何都要在權力分割之後，再簽訂一個「憲法修正案」，以條款的方式具明自己所要保障的權利，丁是丁，卯是卯。因此，憲法本質上是權利和權力相互制定的一個契約。現在，有權力違約，如果不遏制這種違約又違憲的權力，則意味著我們所有人的權利都無以保障。比如，昨天是秦中飛，明天為什麼不會是我邵某人？

那麼，什麼叫「違憲」？《中華人民共和國憲法》第二章是「公民的基本權利和義務」，其中第三十五條「中華人民共和國公民有言論、出版、集會、結社、遊行、示威的自由」。也就是說，言論自由的權利是明擺在憲法中的，它意味著任何權力都不得侵犯。如有侵犯，即是違憲。秦中飛的手機簡訊，屬於言論自由的範疇，可是當地政府卻動用公檢力量刑拘秦中飛，讓其因言獲罪。這種化「公檢」為「私檢」的做法，在重慶市副市長那裏的解釋是「該官員在把握全局的能力方面還存在較大欠缺，其隨意干預司法的行為，說明其依法辦事的能力和意識都很有問題。」這樣的表述真的是「舉重若輕」，它不是什麼「依法辦事的能力和意識都很有問題」的問題，它的問題是「違憲」。看起來是干預司法，但透過司法干預的方式來打壓言論自由，這不是「違憲」是什麼。

應該讓「彭水詩案」成為一個憲政案例，應該讓這個具有憲政意義的案子走進中國憲政史。我們固然有憲法，但我們是否有憲政？憲政是憲法的落實形態，沒有憲政的憲法則徒有虛名。憲政的意思是「憲法制約行政」，它意謂著所有的行政權力都必須在憲法之下行使，不得超越與違反。有學者給憲政取了個通俗的名，叫「限政」，即用憲法限制行政權力。可是，根據我們在本土的生活經驗，憲法明鏡高懸，不免離我們太遠；而離我們很近的權力，卻又常常不受任何約束。怎麼辦？把憲法落到實處，非限制行政權力不行。可是，我們現在又沒有憲法法院，違憲的案件找不到告訴渠道。因此，我們只能向人大籲請。我十分贊成此次全國人大會議能會議一下這個問題，以個案促新局，看看有什麼途徑，可以把憲法落實到我們身邊。

至於「彭水詩案」為什麼到現在還不結案，這個問題只有重慶當局來回答了。輿論一直在等著，拖是拖不過去的。秘而不發，也辦不到了。該當事人從縣委書記調為市統計局副局長，副市長卻說是「正常的工作平調」，這本身就不「正常」。這樣一個違法違憲的案子，未見追究，先見安排，讓當事人屁股挪了個窩，軟著落。這對社會各個方面能交代過去嗎？

這件事沒算完，我們仍然拭目以待。

稷山的天是誰的天

「他們這三個人，在稷山翻不了天。」這是稷山誹謗案經法院判決成立後，新京報記者採訪作為當事人的李潤山時，這位縣委書記毫不掩飾說的一句話，這是勝利者的表白。可歎那三個舉報人只能翻自己的船，卻翻不了稷山的天。原因每一個中國人都明白，權力可以一手遮天。

新京報5月30日發表的〈稷山誹謗案始末〉，事件不僅呈現得更完整，也更清晰地讓人看到該縣權力機器是如何為一個縣委書記而全方位運作的。把舉報當誹謗，而且罪，應該說，此事件和前此發生的「彭水詩案」好有一比。兩者矛頭對準的都是縣委書記，發端人都是當地公民（一為學校教師，一為機關幹部），其方式一個是手機簡訊，一個是匿名舉報，而且權力定加的罪名也都是誹謗。可是從結果上看，「彭水詩案」中的權力運作尚不如稷山成功。它在「公檢法」上雖然走過了公與檢，卻功虧一簣於法。稷山不然，所謂後來居上，它沒有遇到任何阻力就走完了當地公檢法的全過程，做到了彭水權力沒做到的事。難怪這位書記躊躇滿志：「在稷山翻不了天」。

稷山的天是誰的天？這禁不住要讓人發問。那位書記公然把話說到了這個份上，連「公僕」的招牌都不打了，還不是因為權力在手。俗話說「人人頭上一方天」，看來要修改為「權力頭上一方天」。大凡權力所涉處，都是權力者的天下，無論公、還是檢、抑或法：這庶幾就是稷山目前的政治生態。姑不論舉報和誹謗性質不同，根據國家法律，誹謗案即使成立也應該是自訴而非公訴。但身為公安局長的賈崇文卻聲稱：「我們認為不僅僅是對李潤山同志個人的攻擊，而是對稷山縣的大好形勢的攻擊」。這就是公訴的理由，而理由也就掛在權力的嘴邊。權力於是動手，居然用手銬將舉報人當犯人給銬了回來。不妨再看公訴人，這是稷山縣檢察院副檢察長張小平的話：「這三個人捏造事實，他們說就是糟蹋他，既然是糟蹋他，就是誹謗，侮辱。」原來，當事人的話也能成為起訴的證據，如果他是受到壓迫呢？果然，其中一位當事人針對類似的話表示：「當時（被抓後）太害怕了，想早點出來才那樣說。」下面是法院登場，彭水沒能走到的這一步，稷山大踏步地前進了。「稷山縣法院副院長高裕民是此案的審判長，他解釋，材料中對李潤山生活問題的指責引起了民憤，『其他問題屬於工作問題，不涉及對個人的侮辱』」。舉報材料一共兩千五百多字，提及問題有四個，生活作風只是其中之一，其篇幅不足全文百分之二，僅四十六字。在四十六個字上定罪，這是稷山法院的本事。也許自知份量不足，又在後果上做文章：「兩會期間破壞稷山形勢」。如果四十六字就能破壞稷山形勢，那稷山形勢恐怕早就不堪。根據以上梳理，當地的權力格局是公檢法一條龍，龍頭就是這位書記。本來權力是應該分割的，但一旦龍頭遇上問題時，權力機器總動員，每個環節都那麼高效率，口徑趨同，步調一致。這無法不令人擔心，在該書記「一把手」的掌控下，稷山公檢法不要變質為權力者的「私檢法」。

《禮記・禮運》曰：大道之行也，天下為公。天下是每一個人的天下，這就是「公」的含義。可是權力有化公為私的本能，它當然欲使天下變成自己的「權天下」。所以，權力是必要的，對權力的限制更必要。如果目前還不能從體制本身加以限制，那麼，輿論監督就是一種間接限制的方式。「彭水詩案」是在輿論的壓力下，沒能走到法院那一步。但也正因為輿論壓力未再跟上，那位縣委書記沒受任何處分而是調走了事。這是一種暗示，它會讓權力產生你奈我何的錯覺，而且變本加厲。果然，彭水之後是稷山。在這塊古老的土地上，山山水水都是權力的交錯。權力合縱，權利連橫。稷山誹謗雖然是個地方案，但在輿論上，稷山彭水之外的我們都要密切關注，因為它事關我們每一個人。在地方權力的土圍子裏，「公天下」如果正在變成「權天下」，那麼，堅信「天下為公」的我們，便有權利向權力斷喝：「請看今日之域中，竟是誰家之天下」。

城管不是政府的打手

都是5月18日。

當天中午，蘭州市西固區城管執法局某中隊執法人員將一名婦女推倒在地，導致其小便當場失禁，執法車則揚長而去。事由是城管沒收了這位婦女的椅子，而她正在菜市場口賣粽子。「婦女上前要求歸還，被車內的城管隊員一把推開，婦女後退兩步後一屁股坐在了地上，當時褲子就濕了。」這是近日《蘭州晨報》的報導。無獨有偶，就在這一天的晚上，類似的一幕在南京市江寧區上演。據《現代快報》，5月18日晚7時許，南京江寧區城建監察中隊執法人員，因為拆違，打了某村居民一家三口，還把六十多歲的老母親當場踢得小便失禁。目擊者說：「執法人員不管三七二十一，一掌將老太太推倒在地，老太太掙扎著想爬起來，卻被另外一名執法人員朝肚子狠狠踩了一腳，接著又朝老太太下身踢了一腳。」

兩個場景，行兇者都是城管，受害者都是女性。一方擁有的是權力，所以有恃無恐；一方只是卑微的權利，忍受痛苦，還要忍受屈辱。就城管和被城管而言，權力和權利之間，就是這樣一個關係圖。到今天為止，城管人員和市民的衝突，已經成為城市管理中的痼疾。甚至去年在北京，還釀造出流血殺人的「崔英傑案」。那樣的案子是第一個，但並非最後一個。類似以上情況的不斷出現，難保沒有第二個「崔英傑」。

城管問題首先在於城管人員的野蠻行政。城管是政府的派出，進行市場和城建方面的管理，有著相應的權力背景。而權力本身就是針對權利的，前者是強勢，後者是弱勢。弱肉強食，不僅是人的本性（之一），也是權力的天性。所以，權力一旦不加約束，便可以在執法的名義下，放縱人的本性，做出比違章之類更違法的事。上面那位老太太就是一例。面對違章，兩個城管輪番，一推、一踩、一踢，全不顧腳下的對象既是老者，又是女性。如此手腳，不僅殘忍，且違人倫。可是，它卻頂戴著執法的名頭。

這裏有必要分析一下城管人員的構成。近日《楊子晚報》有江蘇省丹陽市招募城管人員的相關報導。所招的是臨時工，主要面向下崗人員、困難群體、退伍軍人和一些當過保安的人，文憑初中即可。可以說，這些人本來是這個社會的弱勢，穿上制服是城管，脫下制服，很可能就是被城管管轄的人。然而，當作為弱勢的他們一旦有機會成為城管，心理馬上轉變。人靠衣服馬靠鞍，那制服、蓋帽和白手套迅速給了他們權力感，而且極易膨脹。實際上，他們把每一次執法都當作「作威」的機會。惟其他們身份是臨時的，更易形成權力不用過期作廢的潛意識。所以面對自己的同類時，他們非但不會物傷其類，而且很能下得了手。這裏並非貶低城管的素質，而是在剖析人的權力意志和人的本性的某些方面，以便形成我們對權力和人性的雙重警惕。

當然，城管問題也有政府的問題在內，城管形象不佳政府亦有責任。至少管束不嚴，便是失責。而況，是否給予城管權力過大，也在我們問疑當中。像上述發生在蘭州和南京的那兩幕，如果相關部門不對肇事人做出公正處分，我們有理由認為這就是客觀上的縱容。事實上，為了創建所謂的衛生城市或文明城市以及迎接其他各種檢查——這其實是考查各地政府官員的「政績」，城管人員往往突擊，由於是硬任務，更易出現其暴力行政的可能。對此，政府官員有時睜眼閉眼，因為這裏本來就有他自己的利益訴求。所以，問題出在城管，根子卻在政府。如果說市民是城市的主體，那麼，可以肯定地是，城管不是政府的打手。

至於城管人員本身，我要說的是，多做換位思考，多想想自己脫下制服的時候。崔英傑事件其實是給城管行為敲了一次警鐘。這個年輕人以暴易暴，不幸刺殺了城管人員。後者雖為殉職，但畢竟付出了自己的生命。誰都不願意看到這雙輸的局面，但，避免悲劇發生的主動權首先是在城管那一邊。何況在城管應有的責任中，其實包含了它為市民服務的一面，因此，權力更應該首先往這個方向使用。

「搬起石頭砸天」

向「搬起石頭砸天」的黃志佳致意！至少他是我心目中的2007年度人物。這位年輕的法官因其黨校函授的本科文憑不被司法考試承認，因而將他曾就讀的省黨校和中央黨校一併告上法庭。一告其非法辦學，二告其涉嫌欺詐。按照國家教育法，只有經過國家批准的教育機構才能進行學歷教育，而黨校函授不屬於國民教育序列，因而沒有得到國家教育部的認可。也就是說，除培訓外，它沒有本科辦學的資格和發放學歷文憑的權力。然而，中央黨校二十多年來在全國已擁有三百多萬的函授學員，因為它在《招生簡章》中宣稱黨校文憑「可以享受國民教育相應學歷的有關待遇」，當然這種宣稱有1983年以來中央文件的支持。事實上，這個待遇到今天業已成了黨校的自說自話。黃志佳持此文憑報名當地司法考試時，就被明確拒絕；因而這個簡章對全體學員來說已經構成欺詐（據《南方週末》）。

這是一個很難得的個案，意義遠不在這只文憑本身。這裏牽涉的問題是國家和黨之間的關係。一邊是黨的文件，一邊是國家法律，當兩者不一致時，誰應該調整自己。從二十世紀的世界歷史來看，現代形態上的國家治理有這樣兩種類型：法治和黨治。前者以英美為代表，後者以蘇俄為首要。中國改革開放之前，走的是蘇俄道路。改革開放以後，我們提出的口號是「依法治國」，這表明我們的社會正在向「法治國」的方向轉型。現在，我們還處在這個艱難的轉型過程中，眼下這個案例，正好可以考量我們的「法治國」是實際舉措，還是僅僅流於姿態。不過，我們畢竟看到了歷史的進步。在前「法治國」的格局中，這個問題根本就不會形成，更不會提交法庭。現在，該問題可以走到法官跟前了，面對這來之不易的進步，下面我們的眼睛就要盯住法官手上的那根法槌。

在法槌尚未起落之際，我們已經聽到了和法律意志相左的聲音。一位省級黨校領導對記者表示：當事人告錯了對象，「最該質問的是，為什麼有些部門始終不執行黨中央的文件，不服從黨的領導」。顯然，這位領導的看法還停留在尚未終結的過去，無形中他把「黨的領導」和「黨治」相提並論了。這裏不妨有兩種「黨的領導」，一種是以往蘇俄黨治性質上的黨的領導，這樣的領導不需要法律，或者，法律形同虛設，它就是一切法，一切以它的意志為轉移。另外一種黨的領導是法治性質的，法治本身並不排斥黨的領導，就像黨的領導並不必然走向黨治一樣。在「政黨政治」的現代，任何一個民主國家在兩黨競爭中都會勝出一個執政黨，所謂黨的領導不妨指的就是執政黨執政時的情形，比如刻下執政的共和黨在美國就是一個領導性質的黨。但，黨的領導是執政事務的領導，而不是法的領導。相反，它必須在法的基礎上並按照法律授予的權力行使其職權。當它的權力舉措和法律發生不一致時，不是讓法律遷就自己，而是調整、改正自己並使其合乎法律。很遺憾，那位黨校領導所主張的不是法治意義上的黨的領導，他強調的是「文件」，卻閉口不提「法律」。在任何意義上，文件和法律這兩個詞的分量色彩都不一樣，此即任何性質的文件在地位上都不可能和法律相提並論，更無論把文件凌駕法律之上。

其實這個案例，與其說是「黨的領導」，毋寧是各地黨校以此為由遮掩自身利益。本質上，這是一場利益官司。黃志佳交納學費，獲得文憑，但文憑不管用，他的利益沒有合理兌現，自然要找黨校打官司。黨校在不合國家法規的情況下本科辦學，並收取眾多黃志佳們的學費，它當然要為它發出去卻又不管用的文憑負責。現在各地黨校很被動，它所能抓住的就是紅頭文件，多年來，是該文件保證了黨校的財源滾滾。但這個財路對其他辦學機構來說顯然不公正，它終究是一種特權的表現。法治國家講公正、反特權，因此這場官司在法理上並不難打；如果困難，那是現實因素在起作用。官司未起，我們不急於猜測，但，現在我們就要睜著眼睛看，看看我們身處的這個社會，在法治轉型的路子上到底能走多遠。

警方豈能僅憑「惡意」就拘人

那位網名叫「紅鑽帝國」的二十三歲女子恐怕再也想不到因為下面這句話會被濟南警方拘留：「我朋友的老八（爸）在銀廣的一個專櫃賣場，她今天親口給我朋友說的，你們銀座死了多少人」。這是濟南當地媒體的報導：該女子「7月21日至22日註冊網名『紅鑽帝國』在某論壇惡意散佈謠言，意圖在群眾中製造恐慌氣氛，性質較為惡劣。」另外一位接受《南方都市報》採訪的警方人士表示，拘留是因為她「編造謊言」。

在網路上「編造謊言」就要被拘留，我想中國每一個城市的拘留所都不夠用。最近網上影響最大的謊言是後母毒打六歲女童，那位後母哭天喊地要自殺，怎麼沒見警方動靜。可見，編造謊言本身無以構成警方拘人的理由。那麼，警方拘人的理由是什麼？或者，拉開一步，如果編造謊言實有其事，警方就可以對其拘捕嗎？

在分析的意義上，一個謊言的構成可以有這樣三個質點：謊言的動機—謊言本身—謊言的後果。如果謊言本身不足以成為拘人的理由（因為說謊通常是道德問題而非法律問題），那麼，拘人的理由不是根據其動機就是根據它所造成的後果。以此考量濟南警方，「紅鑽帝國」的被拘顯然屬於前者，這一點亦可見諸以上濟南媒體的報導，那種語句如果不是出自官方，就是為官方代言。

然而，因「惡意」散佈謠言就拘人，好比根據一個人的動機就可以判他的罪。請問，在現代文明社會，這是哪一家的法律？濟南警方這次出警，顯然觸犯了現代法治文明的禁條：不能以動機治罪。法律沒有「動機罪」。動機是一種主觀形態，以此治罪，是為「誅心」。這是前現代社會慣用的治罪法，因為它無從坐實卻可以強加。現代法治社會，法只問結果不問動機。動機不可問也無以問，因為它是內在的。比如，從法的角度，警方怎麼知道那位網友的「意圖」？又如何曉得她跟貼是「善意」、「惡意」還是其他？這裏有著明顯的「測不準」的因素，法又怎能根據測不準而斷案。退一步，即使那位網友存有「惡意」，法律也不能自動找上門去。法是保障人的權利和社會公秩的，只有在權利或公秩受到侵害時，它才出動。然而，法所以不因動機而責罰，就在於動機本身不會傷人，不會擾亂社會秩序，哪怕這個動機是惡的。

如果僅憑「惡意」不能拘人，出自惡意的行為又不足以拘人（比如網上有很多帶有惡意的「惡搞」），那麼，警方拘人的唯一的依據，是且只能是由謊言造成的惡果。就「紅鑽帝國」而言，此一事件的惡果何在？報上說「意圖在群眾中製造恐慌氣氛」。但，意圖只是意圖，不是後果，警方豈能把意圖當後果。至於「在群眾中製造恐慌氣氛」，也得視其情形而定。假如是在雨災的當天，人們正在緊急疏散的當口，這時有人在洶湧的現場散佈令人恐怖的資訊，警方是可以採取相應的行動，因為這是面臨迫在眉睫的危險。「紅鑽帝國」不然，她不是在當時而是在事後，也不是在現場而是在網路，怎麼可能造成恐慌呢？如果因為那一句話造成了恐慌（這也太低估濟南人的膽量了吧），也不能以警方的嘴為定，它得有事實上造成恐慌後果的證據。請問，警方能拿出這樣的證據嗎？

讀過有關「紅鑽帝國」的報導，只要是一個頭腦正常的人都不難判斷，這位網友不但沒有造成什麼恐慌，甚至連「編造謊言」都談不上。7月18日銀座廣場是否死人是一個在網上網下都被討論的問題，該網友並非第一個炮製此資訊，她其實是在表示自己認同廣場死人的意見。意見而已，這和編造謊言有實質性的區別。當銀座廣場感到輿論壓力報警時，警方便拘留了這位網友。且不追究警方拘人的真實意圖，但拘人本身和拘人理由是擺不上法律臺面的。警方用權不自律，率爾行事，理由站不住還那麼振振有詞，這才是「性質較為惡劣」。現在警方驚訝表示「沒有想到會在網上引起這麼大的反響」。是的，請警方不要低估民間法律意識和權利意識的覺醒。

行政權不能凌駕於法權之上

彭水未遠，稷山尤憶，又見孟州翻新。事不過三，過三便有規律可尋。無論草野之間議論官員，還是透過組織程序對官員舉報，都可以獲得一個罪名：誹謗。最近一期《南方週末》的「孟州『書禍』」，報導河南六農民編發小冊子舉報企業，以言獲罪，原因是書中議論官員。這樣的事體在這片土地上接連發生，大概半年左右，從彭水到稷山又到眼下的孟州，官員們以誹謗打擊民議成了他們的拿手好戲。這種打擊所以成功，是因為法律在他們手裏。

讀過「孟州書禍」，除了為當事者的遭遇感到憤怒，就是為法律本身感到悲哀。請看報導中的這一段：「會議由孟州市委常委、政法委書記主持，參加人員有法院、檢察院和公安局相關領導。會議形成了共識：『閆進先的行為已涉嫌誣告陷害罪，由公安局依法受理或立案。』法律是講程序的，但這裏也是一種程序，它不是法律程序而是權力指揮程序，權力把公安局、檢察院、法院召集起來，安排工作和分配任務，於是，下面這三家就開始各自執行。在行政權力的全權指揮下，這三家密切配合，步調一致，為完成權力意志而共同努力。比如，權力不是說「涉嫌誣告」嗎？法院的任務就是將這誣告給坐實。在這裏，孟州法院不是執行法的意志，而是執行地方長官的權力意志。

法是主持正義的，因而追求和體現正義就構成了法的意志。這個意志如果要實現，法獨立於行政權力而不是依附行政權力是其必要條件之一。羅馬眾神中的正義女神是這樣一個形象，她左手持天平，右手執劍，眼睛上還有一塊蒙眼布。手拿天平是為了表示自己的公正，而對公正的維護就是正義。劍呢，表示它自己就是一種權力——面對不公正的權力，否則它無力執行正義。至於蒙眼布，通常的解釋是為了避免眼睛的先入為主，以便讓司法憑靠理智和理性。我不妨在這裏權宜一下，蒙眼布的功能在於，它什麼權力都不認，除了自己執掌的權力外。如果看權力的眼色行事，公正和正義就有可能在執行中被歪曲。

行政權力是一種權力，法的權力也是一種權力，不都是權力嗎，為什麼要分得那麼清？這個世界上權利可以是一家，但權力卻不能是一家。因為權利是弱的，權力是強的。如果這兩者發生衝突，輸家註定是權利，除了有第三方的介入。而法就應該成為調解這種衝突的「第三方」。第三方必須是一種權力，否則它在調解時強勢的一方可以不理它。同時它還必須和衝突的兩方（無論權利方還是權力方）都沒有利益瓜葛，否則無以做到公正。如果法的權力和行政權合一，且不說強強聯手勢必導致強勢更強，弱勢更弱；而且法權一旦聽命於行政權，第三方就不復存在了。第三方的消失就是公正的消失。婦姑吵架找鄰居，當事雙方是沒有公正可言的，她們誰都不會認為自己錯。就孟州書禍而言，在民告官之間，缺乏的就是第三方。當本來可以成為第三方的孟州地方法院出席與公安局、檢察院的三方聯席會議時，它就加入了這一事件的當事方，下面冤獄的發生也就勢在必然。

這就不奇怪我們可以看到如此荒唐的判決：「公然故意捏造事實誹謗他人，情節嚴重，並且嚴重危害社會秩序，其行為已經構成誹謗罪，且係共同犯罪，但犯罪情節輕微，不需要判處刑罰。」短短幾句話都不能邏輯自洽，一會「情節嚴重」，忽然又「情節輕微」，自己和自己上下其手，顛三倒四。相信這個判決在中國法律史上會留下恥辱的一筆。因為它把法律當作權力手中任意拿捏的泥團，想說重就重，想說輕就輕。法律如此被輕慢，蓋在於它沒有成為一個走出行政依附的自主的權力體。然而，一個不尊重法律的國家是可悲的，當權力支配法律，法律意志屈從於權力意志時，這個國家的每個人（包括權力者自己）都有可能成為法的淪陷的悲劇者，文革中的國家主席劉少奇即為一例。因此，在行政權力面前，法應當自己成為一種權力，這是公正的需要、正義的必須。否則，像彭水、稷山、孟州之類的惡例，還會在神州大地的山山水水中蔓延。

誰有權力定義什麼是「惡俗」

在京音樂界的一些音樂高端人士日前舉行一個網路歌曲批判的座談會，《新快報》的報導標題是「抵制網路歌曲惡俗之風，推動網路歌曲健康發展」。這個題目讓我很吃驚，惡俗與健康，誰來定義，由誰確定？或者，誰有定義和確定的權力？很顯然，參加座談會的人自認為有這個權力，因為「與會人員表示，在十七大召開之際，廣大音樂工作者和網路從業者一定要共同攜手，以強烈的社會責任感和主人翁意識，自覺抵制網路歌曲惡俗之風，淨化網路環境，傳播先進文化……。」自說自話地借助某種背景，提升自己的說話地位。更搶佔傳播先進文化的話語制高點，坐實對方的惡俗。是的，我也不喜網路歌曲，但我更害怕這樣的標題，這是一種訴諸權力的意識形態表達，不得不讓人警惕。

從歷史上看，什麼叫惡俗，什麼叫健康，世人如果不是鐵板一塊，兩者的標準也就不可能劃一。我們現在讀到的《詩經》，很多是當時各地民歌，很俚俗。其中十五國風，和雅頌相比，後者如果被視為純正，前者就被視為低俗了，特別是其中的「鄭衛之風」。孔子固然寬容，刪詩過後，還聲稱「詩三百，一言以蔽之，思無邪」。可是到了朱熹那裏，因其他所認為的低俗，還要把鄭衛兩風從十五國風中「淨化」出去。其實鄭衛多情歌而已，儒家講究發乎情止於禮，可是那些民歌不管這些，我口唱我心，並不到禮為止。比如這首鄭風中的〈褰裳〉：「子惠思我，褰裳涉溱。子不我思，豈無他人。狂童之狂也且。」這是一女一男隔河對歌，女的很主動：你要是想我，就把你的下衣撩起過河來。你不想我也沒關係，難道就沒有別人了。最後還笑罵：小狂人看你狂的那個樣兒。這樣的直白出自女子之口，在鼓吹「男女之大防」的道學家眼裏，傷風敗俗，又豈止是不健康。所以朱熹在衛風之外，更反感惡俗的鄭風，說：「衛猶為男悅女之詞，而鄭皆為女惑男之語。」可是，去掉道學的眼鏡，這首詩包括其他鄭風在內，也就是女性情感的直端表露，何不健康之有。

在某種意義上，網路歌曲也就是借助網路形式傳唱的民歌，風而已。它重娛樂不重教化，並以輕快的風格在網路上流傳，其風頭顯然壓倒了翰林音樂院。我很理解後者的心情，研究對策並非不可。但不必義正詞嚴地指責對方是惡俗，這樣健康和高尚就是你的品牌了，你就成了先進？其實，文化本身只有價值不同，無有什麼先進和落後。還以當年詩三百說事，風雅頌，風乃各地民歌，雅為京畿之音，頌是廟堂祭祀之曲。以地位論，風為下，頌包括大雅屬於上層音樂。因此，風當然俗，頌當然雅。可是以歷史眼光看，恰恰是那些被視為俗的國風，比雅頌擁有更長久的生命力。以後，頌之類的音樂在皇權社會中更加翰林化和廟堂化，可是它的音樂地位再高，背景再硬，在傳唱上，還是敵不過被它視為鄙俗的草根歌曲。我這樣說，並不是判斷座談會上的音樂家們譜不了好曲，事實上他們曾經有過不錯的曲子在流傳。我只是感到他們的發言脫不了翰林味和廟堂腔，這樣的腔調於藝術創作不利。我便善意地提個醒。

俗就是俗，未必就是惡俗。就俗而言，它完全有它存在的理由。人本來就處在一個世俗性的世界中。這個世界需要雅，但不能因此排斥俗。更不能因為自己反感，就把對方打成惡俗。甚至，即使惡俗（說到底，這是因人而異的），也不能兀自以為正義，大張輿論，要求剪滅惡俗。我不知道什麼叫「一定要共同攜手」、「自覺抵制」、「淨化」。莫非是在呼喚封殺。那沒有什麼比這更令人反感和可怕的了。以淨化之名，行其反多元之實。一個正常的文化生態，多元比淨化更重要。其實抵制所謂惡俗的最好的辦法，不是大張撻伐，而是埋頭創作。只要你能拿出吸引聽眾的作品，桃李不言，下自成蹊。至於什麼「社會責任感和主人翁意識」，就更不必。這塊土地人人都是主人，包括那些網路歌手。而「強烈的社會責任感」固可嘉，但就藝術創作而言，如果靈感比責任感更重要，那麼，攻訐之心卻是靈感的殺手。

國民性救不起黑磚窯

山西黑磚窯事件並未塵埃落定，《南方週末》便刊出山西省長對這一事件的反省。其中這樣兩個維度可以注意：一是「基層政權急需變革」，一是「回到魯迅改造國民性的大聲呼籲」。前者屬於體制問題，後者屬於人性問題。這兩個問題曾經糾纏了中國一個世紀，並產生了兩個世紀性的代表人物：胡適和魯迅。今天，面對黑磚窯（其實不僅是黑磚窯，而是面對以它為表徵的一種現實），「胡」還是「魯」，亦即改造體制還是改造國民性，問題以及解決問題的路徑再度被凸現出來。

當記者指出一些村民和村幹部面對身邊的黑磚窯「麻木不仁」時，這位省長回答：這就要回到魯迅先生當年改造國民劣根性的大聲疾呼。魯迅先生作品描寫的吃人血饅頭治肺病的悲劇，革命者是為了人民的利益、為了社會的進步而奮鬥犧牲，但當劊子手屠殺革命者時，圍觀的人卻麻木不仁……。因此，我覺得，魯迅當年提出改造國民劣根性的任務，今天還沒有完成，還需要繼續努力。

應該說，當年魯迅改造中國的路徑依賴是有問題的。他認為：「此後最要緊的是改革國民性，否則，無論是專制、是共和，是什麼什麼，招牌雖換，貨色照舊，全不行的。」在制度與國民性的選擇中，魯迅排斥制度努力，轉而把改造國民性視為解決中國問題的「第一要著」。對於國民性，魯迅這樣批判：「中國國民性的墮落，……最大的病根，是眼光不遠，加以『卑怯』與『貪婪』……」。另外，卑劣與說謊，也是魯迅經常批判的國民性主題。問題是，魯迅批判的國民性並非中國獨有，就像阿Q的「精神勝利法」也不是國人的專利。魯迅涉及的劣根性實乃人類之種性，它是普遍人性中的幽暗一面。在什麼意義上，卑怯、卑劣、說謊、貪婪只國人有而西人就沒有呢？

如果把以上人性的天然缺陷包攬為自己的國民性，只能說明一點，它在這片土地上發揮得太厲害了，太有才了。果如是，就不要追究什麼人性或國民性，而應追究，它何以在這片土地上有如此之表現。問及此，就不是人性而是環境，尤其是制度環境的問題了。所謂「桔逾淮則為枳」，人性可桔可枳，決定的因素是「淮」。作為環境動物的人，在不同的制度環境中，人性的表現可以不一樣。魯迅抓住了「國民性」，卻忽略了那個時代比國民性更重要的「國體性」。比如魯迅批判國人愛說謊，豈不知，一個說謊成性的體制肯定養成國民說謊，至少是不說真話的習慣。這裏根本的原因不是「國民性」而是「國體性」。在制度性的遊戲規則面前，人本能地會做出趨利避害的選擇。如果一個「薩達姆」＋「薩哈夫」式的體制，反說自己是世界上言論、出版自由最充分的國家；那麼，你怎麼可以想像這個國家的國民會說真話呢？他不用計算也知道自己將要付出的代價是什麼。這時，卑怯之類的國民性批判再尖銳、再深刻也沒用，要緊的倒是要改變那個卑劣的遊戲規則。

因此，就「基層政權急需變革」和「回到魯迅改造國民性」而言，我們今天的路徑依賴應該是前者。這一點胡適可以給我們啟示。胡適並非不知道人性的幽暗，但他的舉措不是改造而是制約。人性不可改造也無以改造，制約倒是可能的。制約靠制度，這就是胡適終生倡導的民主和法治。在胡適看來：「民治制度最先進的國家也不是生來就有良好公民的」。對於國人來說，「第一要給他一個實習做公民的機會，就是實行民治的制度；第二要減少它為惡的機會，使他不敢輕易犯法。」這裏強調的就是制度對人性惡的制約。在胡適那裏，「民治主義是一種信仰」，「信仰制度法律的改密可以範圍人心，而人心受了法制的訓練，更可以維持法治」。制度，還是國民性，先哲不遠，言猶在耳。最後用一段西方學者的話作為本文的結束：「一句話，除非假定人的劣根性比野獸好不了多少，並針對這種情況作出規定，以規範人的外部行動，使它們不致妨礙所以要組成社會的公共福利，除非法律做到這種地步，它們便不是完美的。」

山西省政府首先應當向誰檢討

洪洞礦難發生後，從新華網上看到「山西省政府就洪洞礦難向國務院作檢討」的報導。我特別注意到山西省代省長說：他「代表山西省人民政府向國務院作出深刻檢討，向遇難礦工表示哀悼，向遇難礦工家屬表示慰問，向參加搶險救護的救護隊員表示慰問，向報導這一事故的新聞媒體表示感謝。」在這位代省長的五個「向」中，國務院是第一位的，其次才表示哀悼遇難礦工。誰都知道，我們這塊國土上，無論開會、說話、還是吃飯，都講究個順序，並形成極富本土特色的順序文化。那麼，以上五個「向」的順序就不是偶然而是不能變亂的了。就此，我想發表一下我個人的不同看法。

這樣一個順序是自上而下的，也是由來已久的。那麼，官員的眼睛為什麼向上（或首先向上），那就要看官員手中的權力來自哪裏。這次礦難，又是一百零五條生命被黑色的地層吞噬，又是一百零五個家庭從此走向破碎支離。死者長已矣，生者或正悲。我們，每一個活著的人，包括為政一方的官員，面對這樣一場黑色的災難，首先應當表示的，是對死者的哀悼。生命優先，生命價值第一。當生命從我們的身邊消逝，物傷其類，我們很自然地會表現出我們的哀悼之情。緊接著，我們應該說的，是向死者的家屬表示慰問，她們現在是最需要別人慰問的人。儘管慰問並不能解決她們的實際問題，但面對她們悲戚的面容，想像著她們的生活困境，我們沒有理由不表示由衷的同情。看來，這裏所說的「我們」，並不包括官員。否則，同樣是人，同樣出於人之常情，為什麼彼此的思路卻不一樣。也許，中國官員的奇怪的邏輯不是我這個普通的公民所能理解的。

進一步，檢討是必要的，甚至是遠遠不夠的。上次洪洞黑磚窯事件，我們已經看到了當地政府的檢討。可是檢討的聲音言猶在耳，耳旁又傳來了瓦斯的爆炸。這一次的檢討能保證下一次的礦難不再發生？如果沒有制度舉措，災難和檢討就會循環下去，互不相妨。這裏並不是否定政府檢討的必要，除了制度的跟上，檢討當然也不可或缺。問題是，即使檢討，山西省政府首先應當向誰檢討，這裏我們再一次看到了官員們的眼睛向上。身為一方官員，在自己治轄的範圍內，因為自己的工作沒做好，以至礦難發生，人命喪亡。那麼，作為礦難大省，當地政府如果要檢討，首先就應該彎下腰來、眼睛向下——眼睛向上的姿態肯定不是檢討的姿態而是乞討的姿態——向死者家屬、當地父老乃至全國人民檢討。原因很簡單，是下面而不是上面用自己的稅金在供養政府，可是政府卻沒有盡到自己的職責。民間尚有所謂「拿人錢財，替人消災」之說。如果政府用了納稅人的錢，卻沒有為其消除本來可以避免的災難，它難道不應當首先向作為納稅人的人民檢討嗎？

當這位代省長痛心於礦難「給國家和人民群眾生命財產造成了重大損失」時，我們再一次看到了類同的順序，這種順序習慣成自然，以至成了一種張口即來的無意識。可是，我們知道，就國家和人民而言，人民在排序上顯然應當比國家更優位。這次礦難，如財產不論，人民的損失直接就是我們的同胞在生命上的損失，而國家的損失也體現在人民生命的損失上。人民是有生命的，國家是沒有生命的，如果它不以人民的生命為生命的話。所謂「國以民為本」，本不優先，國又何為。歷來，人民與國家的關係，是沒有人民就沒有國家。尤其是民主社會，人民所以需要政府意義上的國家，是要用它來維護並服務於自己所生活的社會。因此，國家包括它的任何機構，在其位置上，都不可置於人民之前。胡適曾經用他美國老師的語言作過這樣的表述：國家之上是人（大意）。中國儒家另一位代表人物孟子也說過：民為貴，社稷次之。從古代的「民本」到現代的「民主」，都把人民的位置放在首先。可是，為什麼我們的官員無形中奉守的卻是另一種順序呢？

語言中的順序是現實順序的一種反映。要改變這種國／民之間的「國本位」和上／下之間的「上本位」（亦即「官本位」），是需要付出制度努力的一件事。落實到這次礦難的發生，檢討人不如檢討制度。面對制度缺陷造成的災難，如果不能從制度本身下手，我們就依然不能扼制礦難頻仍的人為性。

網友為什麼不信任政府

華南虎終於成為一張「紙老虎」，周正龍不過是個「馬前卒」。這起轟動國內網路世界的打假活動，其實打的與其是假虎，毋寧說更是在「打假」政府。華南虎的照片最先是由陝西省林業廳在新聞發佈會上公佈的，記住，這是一個政府行為。如果該事件的直接責任人是周正龍，那麼它的最終負責者卻是也只能是陝西地方政府。真假問題既已出現，政府不是積極助查真相，反而以權力者的口吻說「沒料到網友會如此不信任政府發佈的消息」。這句話本身更加深網友對政府的不信任。發佈造假照片以求一逞，有失誠信於先；東窗事發，王顧左右而言他，毫無誠意於後。你叫網友信任什麼？

據《羊城晚報》，日前鎮坪縣委宣傳部某副部長說：「網上關於華南虎照片真偽的爭論，掩蓋了鎮坪是否有華南虎的事實真相，結果導出了以一張照片真偽來質疑一個物種是否真實存在、以及一個地方政府的誠信，這是在鑽牛角尖。」的確，這張照片並不能表明華南虎有否，但它卻能表明政府誠信與否。網友質疑有理，這位官員避重就輕，認為是鑽牛角尖。殊不知，線民此舉是在揭露政府公開的謊言。無獨有偶，部長之後是省長，他的態度是：「考察華南虎的蹤跡，比照片的真偽更重要。」這簡直比假照更讓人吃驚。

華南虎固然重要，照片真偽同樣重要，這是不相干的兩碼事，扯在一起是混淆。輿論關注照片，正在於它關乎政府誠信。如果認為照片是假的也不重要，這豈但是為造假開脫；甚至等於宣稱，政府說謊也不重要。

僅僅面對一張照片，陝西地方政府的表現，卻一而再、再而三地讓人失望。這個「虎門」事件，可以使人想起1970年代美國總統尼克森的「水門事件」。權力在真相面前總是層層遮蔽，轉移視線，以至丟卒保車，不到最後一刻，不肯鬆開權力的手。但，事實終究無情，真相已經逼近。逼近的真相逼著我們思考：網友為什麼不信任政府？本來這就是個可以深入探討的問題。我的看法是，不僅「虎門」，也不僅「水門」，幾乎任何一個問題門，政府都不足以讓人信任。

長期以來，我們聽慣了來自政府的「要相信政府」的聲音。這種聲音本身就是一種需要剖析的誤導。在以往的專制社會，統治者總是習慣擺出如周武王所說的「天佑下民，作之君，作之師」的姿態。此即上天保佑下民，不但讓他來作下民的君，也作下民的師。下民什麼都不懂，既要服從他的統治，也要聽從他的教導。君師合一，怎麼能對他不相信呢？不但作君作師，周武王更遞進為「作民父母」。直到今天，不少地方官員仍以「父母官」自居。父母總是體恤孩童的，民眾就是孩童，子民如不信任這樣的父母還信任誰呢？由此可見，政府要求民眾相信政府，有著一條深長的歷史暗脈。這類話語不僅表明政府沒有擺脫專制時代對下民的統治意識，同樣表明它壓根不明白現代社會中民眾和政府的關係。

現代社會是民主社會，民主社會的特點就是民眾對政府的不信任。這個不信任乃是對權力和人性的不信任。權力背後有利益，人性又有天然的逐利本能，由此構成的政府，民眾找不出信任的理由。甚至，政府本身就是現代社會不信任的產物。美國開國元勳之一的麥迪森說：如果每個人都是天使，政府也就不必要了。反過來，不是天使構成的政府，又安得讓人信任。只是民主的本義是自治，民眾並不需要政府作天使，而是需要透過政府這種形式自己管理自己、自己約束自己。因此，在民主社會，政府本身就是一個防範機構。無論政府的定期選舉和輪替，還是權力配置上的制衡，無不表明民眾對政府和權力的警惕。當然，不信任政府不是取消政府，我們並不需要無政府。正如美國宗教哲學家尼布林的名言：人行正義的本能使得民主成為可能；人行不義的本能又使民主成為必要。就後者言，如果民主是必要的，因而政府也是必要的；那麼，民眾和政府之間，應當不是信任關係，而是監督關係。

因此，謹以民主社會為參照，希望以後政府不要再說「相信政府」，而是多說「歡迎監督」。

國家是個股份制

讀最近一期《社會科學報》，其中一篇談「主人」與「公僕」的文章，讓我把這個一直想談的問題給拾了起來。多少年來，我們習慣了這樣一種表述，我們是主人，政府官員是僕人。儘管它與事實不符，但表述本身卻獲得了廣泛的同意。不僅各級官員唸經一樣用以表示自己「全心全意為人民服務」，我們自己也這樣阿Q。比如該文作者訪美時曾這樣替美國人表達「主人翁」意識：「一個高大的身影，矗立在白宮、國會大廈面前對他們大聲說，你們（官員和議員們）是我們用稅金供養的，我是你們的『主子』，你們是給我服役的。」

這其實是中國人的思維和語言，並不是美國人的。它的問題在：我們可以稱自己是主人，但不能稱自己是主子；就像你可以說官員是為我們服務的，但你不能稱他們為「僕」，哪怕是公僕。僕者，奴也。在「主子」和「奴僕」之間，沒有平等可言，而美國是一個自由平等的社會。同樣，平等自由，如果也是我們的價值訴求；那麼，在任何意義上，哪怕是比喻，把我們與官員的關係打成上述主奴性質，都與平等相違。語言反映意識，國人恐怕在潛意識深處就缺乏平等。在以往的社會形態中，官主民奴，沒有平等；現在我要當家作主了，官就得為奴，這叫「翻身」。殊不知，這樣的翻身是把別人壓在下面，本身也是一種不平等。何況，語詞關係並非現實關係。假如一個居有房行有車的官員對一個下崗無著的人說：親愛的，你是主子，我是你的僕人。那只能說這是謊言。不幸在於，我昨天看到一位律師引一位哲人的話：人類更需要的往往是謊言而不是真理。是的，上述文章的作者，身居中國社會科學院，是一位高端研究人員，我看他自己就把自己給「謊」了。

在一個公民社會，人人都是公民，無論國家元首，還是一介平民。那麼，彼此平等的人到底如何組構國家呢？國家是一個政治生活的對象。所謂政治，孫中山有過很好的解釋：「政」是眾人的事，「治」是管理，政治就是管理眾人的事。這裏，眾人的事，是指每一個公民在「私人生活」之外的「公共生活」。私人生活如果是我們每個人每個家庭的柴米油鹽，公共生活則是牽涉到生活在這個社會中的所有人的事，比如立法、內政、外交、軍事、公共安全、公共設施和公共福利等。私人生活的事由私人自己打理，公共生活的事，自己打理不了，也無暇打理，就需要有專門的人打理。國家政府中的各級官員，就是專門打理公共事務的人，這些人統稱為公務員。那麼，我們是公民，公務員也是公民，我們和他們到底是一種什麼關係呢？

值得借鑿的，依然是孫中山的看法。在闡述其民權主張時，孫中山打了個比喻，一些有錢的人要辦個工廠或開個公司，總是要請一個有本領的人來做總辦。這樣的人是專家，由他處理公司內的事。至於出資辦公司的人則是股東，他們雖然有權，但並不插手公司具體的事，只不過是對總辦進行監督罷了。孫中山的意思很明白：國家就是一個股份制。每一個公民都是它的股東，而總統就類同這個公司的總經理。這個公司是專門處理公共事務的，總統之下的各層官員，都是處理相應公共事務的專門家。因此，國民是主人，是有權的人；政府是專家，是有能的人。一個民權國家，主權和職能是兩分的，權歸民眾而能在政府。

這就是了。公民們拿出自己的部分收入作為稅，以選舉的方式雇請一些專家來處理和我們相關的國家公共生活。我們和政府官員的關係，不是也不應該是主僕關係，而是類似股東和經理人的關係，它是聘用性質的。在這個關係中，雙方平等。沒有一個公司股東會把公司經理視為可以役使的僕人，誰會放心讓一個僕人而不是一個專家去處理各種複雜的公共事務呢？明乎此，除了籲請作為公民的我們不要有虛妄的「主子」意識，那很可笑；同時更要提請那些握有資源和權柄的官員，別動不動就用這個缺乏起碼誠意的「公僕」來糊弄人了。

人民為什麼需要政府

猶記去年重慶某縣的一個鎮政府把辦公室修成了天安門，無獨有偶，據最近《瞭望東方週刊》，山西臨汾也出了一個天安門。原臨汾縣現堯都區的區長透過社會集資、借款和銀行信貸，斥資七千萬在臨汾市南約三公里處修建了一個天安門式的觀禮台。看來中國官場上的皇權意識並非個別，而且膽子越來越大。春秋時身為諸侯的季氏僭越享用天子禮，以八佾為舞，一向溫良恭儉讓的孔夫子氣得說：「是可忍，孰不可忍也」。假如孔夫子今日再生，夫復何言？不過，不能讓我們容忍的倒不是這個官僚的僭越——這讓那些有賊心沒賊膽的官員去憤怒吧！我感到不能容忍的是：你要為自己造天安門，就別盜用人民的名義。這位區長對記者聲稱他修築天安門是為了臨汾人民，臨汾市的大部分老百姓一輩子也看不到天安門，給老百姓建一個天安門難道不行嗎？可是，當地一位計程車司機稱：天安門落成剪綵時，各學校都組織了好多學生，當時這位區長就坐在天安門上，很是威風——這是「作威」。而後呢，在廣場上天安門西端又修了個高達五十米號稱「天下第一門」的華門，該區長把自己的辦公室就搬進了華門裏，「極盡奢華」——這是「作福」。至於其他人，對不起，門票五十元一張，請便。

當然，官員也有口吐真言的時候，面對記者，這位區長大談歷史，口中的辭彙不是秦始皇、拿破崙，就是金字塔。他說：歷史是由一代代人創造的，秦始皇如果不修長城，誰還能知道他的名字。是的，這樣的官員是有野心的，不僅作威作福，還要青史留名。然而，留名青史有兩種，一是流芳百世，一是遺臭萬年，就看你是造福於民，還是為害一方。用強行捐款的方式，美其名曰「讓一些企業家為社會做點貢獻」。一家煤礦老闆借給他五百萬，然後表示不用政府還了，於是區長大人表揚「這種精神多麼高尚」。冠冕堂皇之下，其實是交易。捐資的企業，「黑煤礦」有之，「違法排污損害群眾利益」的公司有之。天下沒有白吃的午餐，拿了人家的錢，就要給人消災。於是「黑」和「污」便有了一把權力的保護傘。聯想到山西是全國污染大省之一，再聯想到晉陽大地礦難頻仍卻難以根治，便不難明白其中的秘密。那麼，類似這種好大喜功、饜足個人慾望的政績工程，是造福還是為害，不言自明。

據報導，這位區長曾經是媒體熱捧過的「政治明星」，也是名動一時的長篇小說《國家幹部》中的人物原型。此人為官不甘平庸，時常搞些大手筆。在2004年山西省「兩會」期間，身為省人大代表的他在談政績時說：「人民之所以需要政府，是需要政府比他們站得更高看得更遠，帶領和幫助他們去做他們看不到、無法做的大事情。」這位區長是這樣說的，也這樣做的，天安門就是最好的例子。可是，上述觀點作為一種為官意識，卻充滿了權力的自大，更歪曲了民治社會中人民和政府的關係。

人民為什麼需要政府？回答這個問題要在看你處在什麼社會。非民治社會，當官不為民作主，不如回家賣紅薯。因為政府壟斷了所有資源，民眾只好把自己的一切交給政府，不但要你作主，還要你帶領他們謀幸福，呼兒咳喲！可是民治社會，情形完全兩樣。民治社會是「民治」不是「官治」，民眾並非什麼都不懂，正如政府並非萬能。它之需要政府，是因為一個社會沒有政府，人與人可以相殘；在這個意義上，政府是維繫公共秩序的。同樣，為了抵抗外部侵略，人民也需要政府，它又是保障公共安全的。他如提供個人無以提供的社會設施和福利等，這些都是人民需要政府的緣由。於是，人民拿出自己的部分收入，聘請專門人才組成政府，代為處理上述事務。可見，政府和民眾的關係不是「帶領」而是「代理」，是人民用稅金委託政府代理各種公共事務。既然如此，拿了民眾錢的政府官員怎麼可以擅自把「代理」改「帶領」，誰要你帶領？這是權力壟斷一切的老路。為官者切不可把自己擺在一個高高在上的位置，不要以為有了權力就站得高看得遠，更不可視民眾為無能，要帶領他們去做他們看不到和無法做的事。果如是，權力就可以為所欲為了，社會災難也就不遠了。

事實上，歷史如果照舊，殷鑒也正未遠……。

不尊重個人的國家，國家也得不到尊重

前段時間，國家計生委正開展一項清理以往計劃生育標語口號的工作，於是各地一些「計生標語」連同照片被貼上眾多網站，頓時網路上產生了強烈的反應。這裏不妨看看引起反響的部分標語：「寧可血流成河，不准超生一個」、「寧添十座墳，不添一個人」、「寧可家破，不可國亡」、「打出來，墮出來，流出來，就是不能生下來」、「該紮不紮，房屋倒塌；該流不流，扒房牽牛」……。

《新快報》對此有報導，稱網友「痛斥其缺乏人文關懷」。其實，這不是缺乏人文關懷的問題，而是這些標語中所顯示出來的國家意志根本就沒把人當人看。且不說在話語暴力的後面就是事實上的行動暴力，在鄉村，多少地方，捉住一個逃避「計生」的婦女，即強行扭送手術臺，那情形和劁豬並無兩樣。這裏不論婦女所受到的身體傷害和人格屈辱，只想就以上標語談談國家是否有權力對國民動用這樣的語言。

國家和個人之間的關係有兩種解釋形態，一種是傳統皇權社會的解釋，所謂「普天之下，莫非王土，率土之濱，莫非王臣」。這裏的國民只是國家的臣民，國家可以任意驅使；因此也不妨以任意的口吻說話，包括使用如其上的語言暴力。現代社會，國家與個人的關係正好有一個翻轉，叫做「國家之上是人」（這是胡適引用過的一位美國學者的表述）。人不僅在時間上先於國家，在價值上也高於國家。在這樣的國家中，個人不是臣民是公民。如果說臣民社會國家是主體，臣民只是被驅遣的對象；公民社會相反，公民本身是主體，國家倒是受公民意志驅遣的對象。因此，在這樣的社會形態中，國家是不敢動用以上的語言來表明自己蠻不在乎的野蠻的，更遑論行為。

什麼叫「國家之上是人」，這裏有一個形象的解釋（筆者他處引用過，這裏不妨再度轉述）。1988年，澳大利亞新的國會大廈落成，它坐落在一個小丘之上，居高臨下，氣勢非凡。但，奇怪的是，大廈上面特意鋪了一層綠草地，用以供遊人休憩、散步和玩耍。這樣的設計是在表明一種制度理念：人們可以活動在國家權力機構的頭上。因為，公民的權利高於一切，包括象徵國家最高權力的國會。如果一座大廈可以把國家與個人亦即權力與權利的關係表露得如此明白；那麼，一條標語也可以把國家與個人的另一種關係顯示得一清二楚。

以上標語頗具代表性的是「寧可家破，不可國亡」。個人的「家」和以政府為代表的「國」，不僅被人為地分裂為二元對立，而且在這二元對立的格局中，兩者利益一旦衝突，犧牲的註定是個人，而且無條件。這是很典型的「國家本位」的權力表述，也就是說在龐大的國家面前，個人是渺小的，它的權利是無足輕重的，它的犧牲也不用商量。現代國家，毫無疑問，它的價值立足點是「個人本位」和「權利優先」。從洛克的《政府論》可以得知，國家所以被需要，就在於需要它來保護個人的財產及其它；否則，處在自然狀態中的人為什麼要組成國家並推舉政府。就後者言，當政府的權力來自公民個人的權利時，很難想像，該權力會以反噬的口吻表達它的蠻橫，除了它不想再維持這個權力。

一條標語和一座大廈的對比，很清楚地對比了什麼叫「王土王臣」，什麼叫「國家之上是人」。今天我們的社會正處在前者向後者艱難的轉型途中。以制度轉型的眼光評點，以上標語問題有二。一，這種標語出自代表國家的各級地方政府，它很赤裸地暴露了權力者毫無顧忌的權力意志。這種語言即使在它沒有付諸行動前，也已經構成對這個國家的公民權利的傷害。二，地方政府的語言形象其實就是這個國家的形象。一個敢於用野蠻語言表達自己意志的國家形象很難是一個文明國家的形象，這樣的形象也很難融入以普世價值為其衡量的國際文明社會。

這不妨是一條真理：不尊重個人的國家，國家也得不到尊重。不僅得不到國民自己的尊重，也得不到國際社會的尊重。在這個意義上，國家計生委目前展開清理門戶的工作，可以視為遲到的「亡羊補牢」。

「普世價值」比「核心價值」更切要

開設思想品德課程以及設置其考試的目的，是對初中孩子「核心價值觀」的一種引導，這是現在初中生們還沒有理解到的。初中生是形成思想品德的關鍵時期，將其納入中考是為了強調德育教育以及引導學生樹立正確的價值觀：這是廣州市一位思想品德課老師在該市中考後就思想品德考試所作的一番點評，語見6月15日《羊城晚報》。

中學思想品德課的任務是什麼，這至少是一個可以討論的問題。進一步說，中學思想品德課本身就可以成為一個討論的對象。思想與品德，在我看來很難相容為一門課。如果說品德課是關於如何做人的，它包含一個人在私人場合和社會場合所應具有的私德和公德，因而對中學生來說是很有必要的屬於教養性質的一門課。那麼，思想對於中學生來說就顯得太早，也太形而上。中學生本身沒有思想，而思想由於牽涉不同的理論觀點和知識背景，本身就是紛紜複雜的。如果說思想主要是指一種社會體系以及由此形成的相應的意識形態，那麼，對思想空白的中學生來說，思想課無疑就是在灌輸某種思想，事實也正如此。然而，弔詭在於，灌輸思想本身就是反思想。思想的本質在於思考，用馬克思的話，是以一種「懷疑一切」的精神去思考。假如思想課一旦成了灌輸課，這恰恰取消了思想本身。因此，如果要有思想品德課，它的思想板塊最好是用來培養思想正在形成中的中學生的思考能力與習慣，而不是把他導引到成人已經接受或願意接受的某種思想，哪怕這種思想再好。此所謂「授人以漁而不授人以魚」。至於學生以後各自接受了什麼思想，包括接受成人希望他接受的思想，那是他自己的事，是他在思考以後的自由選擇，這個結果要比一味灌輸好得多。

在思想品德課的現行框架中，我不贊成在思想上對中學生進行某種主義式的「核心價值觀」的導引。如果要導引，應該是「普世價值」而非其他。這裏不是否定核心價值，而是就中學生這個階段言，普世價值比核心價值更切要。要而言，核心價值是以政治上的某種主義為導引的，它聲稱追求崇高，表現為一種價值高度。普世價值不然，它重心向下，只是一道價值底線，這道底線無關政治只關文明。對正在學做人的中學生來說，文明底線比任何主義的高度都更重要；而且不踩住底線，高度不僅是虛妄的，甚至沒有底線的高度更可怕。在思想上，這個世界可以有各種各樣的主義，但底線卻不可以各種各樣。換句話，世界上好的東西多不一樣，但暴力、屠殺、謊言這些最壞於人類的東西，對任何人來說卻是共同的。因此，對所有的生命的尊重，對人的各種權利的尊重，講誠信、講寬容、講人道與博愛等，這些維繫個人存在與社會存在的價值底線，不僅在於它們能從觀念和人心盡可能避免那些最糟糕的狀況出現；而且它們的普世性也正如古人陸九淵所言，是「東海西海，心同理同」的。在這個意義上，中學生要緊的就未必是任何一種主義的灌輸（比如以前臺灣施行的「三民主義」教育），毋寧說，他們更需要以上那些在長期文明積累中所形成的人類基本共識。

這次廣州中考，有這樣一道情景題：若你有一天回到家中發現親戚正在製作盜版光碟，你會選擇怎麼做。選項分別是「直接銷毀」、「假裝看不見」、「訴之法律」。就這道題目而言，答案幾乎千篇一律，誰都不敢將自己的真實想法答到試卷上。一位考生告訴記者：他想都不想肯定選擇「將親戚訴之法律」，但在現實生活中他應該不會這麼幹，他會選擇自己銷毀。為什麼大家想法不同，但答題卻如此一致，為了不扣分。很顯然，這樣的思想品德根本考不出真正的品德和思想，反而造成了學生的知行分裂。誠實和誠信本屬做人的價值底線。可是，恰恰在思想品德考試上，學生卻不能真實地表達自己，這難道不是這門課的失敗。推而廣之，高調表達自己私下並不贊同甚至反對的觀點，並且誰也不覺得有什麼不正常，早已淪陷為國人做人的普遍日常。想想也實在可怕，難道我們已習慣住在謊言中？這樣的問題首先有賴於制度環境的改善。而中學思想品德，就踩住普世價值的文明底線做一些諸如教人誠信的工作，定然也優勝於唱什麼崇高之類的高調。

中國式民主，還是普世價值的民主

近來，有關民主討論的言論不斷在網路泛起，其中這樣一種聲音值得傾聽。四月下旬的新華網以「中國的民主模式是否已經形成」為題，介紹了「印度資訊網」提出的一個觀點：「中國式民主制度正日益成為世界民主制度的一種新模式」。於是，「中國式民主」或「中國的民主模式」便成為一些學者的討論熱點。5月7日的「中國新聞網」扼要報導了國家行政管理學院一位教授的文章，該教授認為「中國的民主模式已經確立，中國已把民主、法制、自由、人權、平等、博愛等理念確立為人類共同的文明成果……」。

眾所周知，「民主」與「科學」是新文化運動由陳獨秀在《新青年》上揭櫫的兩面旗幟，但，近百年過去，科學不論，我們在追求民主的道路上走過太多的曲折。一個重要的緣由便是在「民主」之前加上各種各樣的定語，以強調民主的各種特殊性，以至造成這樣一種狀況：民主定語時行而民主本身減損。比如陳獨秀本人在高舉民主旗幟的同時，就力批「資產階級的民主」，因為它是「虛假」的，並弘揚「無產階級的民主」和「大眾的民主」，因為它才是「真正」的。其結果，定語取代了主語，階級意識壓倒了民主意識。今天我們在超越階級意識的基礎上，終於認識到：民主就是民主，它是全民的，不是階級的。就像上述包括民主在內的「法制、自由、人權、平等、博愛」等，前一個時代我們不都是在它們的前頭加上過「資產階級」的定語而厲行批判嗎？今天，當我們去掉定語，承認它們是「人類共同的文明成果」時，從觀念角度，這是一個了不起的進步，儘管姍姍來遲。

既然包括民主在內的「人權」、「自由」等是人類共同的文明成果，那麼就說明它們在這個地球上具有普世性，是一種普世價值。而就任何一種普世價值言，重要的是強調它們的共相而非殊相。在這裏，共相所以比殊相重要，在於它涉及這種價值的存在底線。以人權而論，它所包括的人的生命權、言論權作為人的權利底線，是不分民族和國別的。你難道能在理論上劃分美國人權和伊拉克人權有何不同？如果真的有什麼不同，只能解釋為其中一種人權是偽的。民主也是人權，是人的一種積極自由的權利。就它所包含的價值內核而言，放之四海而皆準，也不會有美國和伊拉克的區別。我們知道伊拉克也是聲稱民主的，薩達姆也是經由民主選舉並且是全票當選而執政的。但這種強調國別性的民主（比如「伊拉克式的民主」）是真是偽，已經不需多置一詞。

因此，接受我們曾經的歷史教訓，去掉各種各樣的定語，回到民主本身。民主就是民主，既不需像過去那樣劃分階級，也未必需要像今天這樣特別強調民族或國別。比如這位教授特地分疏中國「代表制」與西方「代議制」的不同，我就看不出區別何在。代議制的「代」不就是代表的「代」嗎？代表制不就是代表們會集在一起議論公共事務並形成一種制度嗎？兩者都是「間接民主」，代表都是透過定期選舉而產生。如果有不同，倒要問問各自的代表是透過什麼程序產生的，它的實際作用如何。在語用學上，定語的一個功能便是對主語的限定，而限定本身卻有可能使主語遮蔽。既然我們好不容易承認民主是「人類共同的文明成果」，那麼我們為什麼不強調民主的「共同性」而去強調它的特殊性，諸如國別或其他呢？以一種學術商榷的態度，我以為，如果今天強調民主，那麼，強調「作為一種普世價值的民主」比強調「中國式民主」更重要。

這裏的區別就是共相和殊相的區別。殊相固然可以提倡，但它不能違背共相，否則民主有可能成為一種假借。當年陳獨秀襲用前蘇俄那一套，指責「資產階級民主」從而使他不能走出假民主的誤區。直到晚年，這位老共產黨人才憬然有晤，在給西流等友人的信中，提出了對民主的「最後見解」。這時，他的民主觀已經不是在定語上兜圈而是直接切入民主本身了。他所提出的七條民主的「真實內容」，比如「法院以外機關無捕人權，無參政權不納稅，非議會透過政府無徵稅權，政府之外反對黨有組織、言論、出版之自由」等，都屬於民主政治的價值底線。在其普世性上，這種民主是地無分東南西北，人無分男女老少的。

私人生活要自由　公共生活要民主

北京酒仙橋地區危改拆遷用民主投票的方式來做決定，結果已經揭曉，2451票同意，1228票不同意，32票被記作無效。昨天下午和朋友喝茶時，其中一位抖著登載該新聞的報紙表示認同，認為用民主的方式要比行政強制好得多，大家的事大家自己來決定。朋友的認同首先是對民主本身的認同；但，我當即就表示反對，儘管其時我對這一事件還瞭解不多。我當時表達的意思是，民主只是針對公共領域而言，不能用在拆遷之類涉及私人權利的事務上。晚上回來，從網上瞭解了事情的原委，更感覺所謂「拆遷民主」是把民主用錯了地方，不啻於誤導民主。

針對網上有學者把投票拆遷斥為「偽民主」，我倒有點不贊同。如果這次投票沒有權力在後臺把持、操縱和作弊，它就不能稱之為「偽」。相反，這次投票即使是真的，也不能為它叫好。如果大家都認同以前一篇叫好的文章「民主是個好東西」，這裏必須補充一句，民主也可能是壞東西。這裏的好與壞，不在於民主的真與偽，而在於你把民主用在了什麼地方。中國古語「橘逾淮則為枳」，拆遷民主即為一例。民主不是無邊的，而是有限域的。說拆遷民主是壞的，壞就壞在此地根本就不能啟用民主。一旦啟用，則不免一些人可以利用投票所形成的力量公然侵害或剝奪另一部分人的權利，尤其當後者處於少數的時候。這樣的情況果如發生，所謂民主便成了當年托克維爾所擔心的「多數人的暴政」。

為什麼拆遷民主是壞民主，這要從一個人的生活和生活中的權利說起。任何一個人來到世上，他既是一個自然人，又是一個社會人。作為自然人，他有他的一系列的自然權利，比如生命的權利、財產的權利、遷徙的權利、言論的權利、信仰或不信仰的權利等。作為一個社會人，他也有他的一系列的權利，比如選舉權和被選舉權、創制權、複決權、彈劾權等，這些權項往往是透過投票的方式而實現。根據上述權利，一個人的生活由此形成既有聯繫又有分殊的兩個方面，一方面是以「自然權利」為主的私人生活，一方面是以「社會權利」為主的公共生活。這兩個不同層面的生活，有著不盡相同的遊戲規則。在私人生活領域，不存在民主不民主的問題，只存在一個自由的問題，而自由則表現為權利不受強制的狀態。在公共生活領域，才有所謂的民主的問題，它表現為公民對私人生活以外的公共事務發表意見的權利和投票的權利。

就這兩個領域而言，私人生活要「自由」，公共生活要「民主」。這意味著民主是有邊界的，它不能越過公共領域而往私人領域延伸。一旦延伸，私人領域中的權利勢必遭受破壞。私人生活中的權利是自然權利，它是上天賦予的，西方人慣稱為「天賦人權」。這就意味著任何人間的力量包括民主的力量都沒有理由去侵害，除了它先行侵害他人的權利外。很難想像，在私人生活中，我們居然可以透過投票決定一個人的生與死、他的信仰或他的財產。而「拆遷民主」所以危險，就在於它所觸碰的正是私人財產權和遷徙權的禁臠。據報導，投反對票的大多數是房屋的產權者，他人有什麼權力以投票來剝奪那些產權者對自己財產的處分的權利呢？何況他還有不遷徙的自由。有似「拆遷民主」之類的壞民主還可以再舉，比如古希臘的蘇格拉底飲鴆而死，他就死於廣場上的投票民主。理由之一卻是他不信城邦的神並向年輕人鼓吹新神。因個人信仰而判處死刑，這樣的民主是真的，也是嗜血的。相似的例子還有後來的法國大革命。

應該形成這樣一個共識：就私人領域和公共領域而言，自由的歸自由，民主的歸民主。就自由和民主而言，自由比民主更重要，而民主是為自由服務的。就酒仙橋地區的民主而言，民主不能用在拆遷上，倒應該用在那位代表酒仙橋街道發言的權力人身上，即他的權力應當是選票選出來的，而不是他的上級任命的。對權力進行選舉才是公共領域中的問題，民主如果不是針對權力而是針對權利，是所謂錯用民主。錯用民主實乃既害民主又害民，為民主叫好者則不可不察。

民主的障礙在哪裏

網易近日揭載北京日報〈讀報告，談民主〉的專家文章，認為今天的執政體制「絕非昔日那個『以階級鬥爭為綱的黨可比』」。不搞階級鬥爭搞什麼，當然搞民主。然而，民主的口號從1917年新文化運動就開始談，屈指數來，今天已是第九十周年。九十年過去，民主依然還是一個鼓動人心的口號，依然還在談，這本身就能說明很多問題。那麼，今天如果不是談民主而是實踐民主，障礙在哪裏。文章批評了這樣一種觀點：「許多報刊文章認為中國現在不能搞民主，因為中國人文化素質低。」這果然是中國民主遲難推進的原因嗎？當然不是。不過這種論調其來有自，不妨從歷史的角度作一剖析。

回顧二十世紀早期的北洋時代，這是整個亞細亞第一個實行了英美議會制度的時代，面對本土議會實踐中的種種弊病，魯迅很生氣：「大約國民如此，是決不會有好的政府的；好的政府，或者反而容易倒。也不會有好的議員的；現在常有人罵議員，說他們收賄，無特操，趨炎附勢，自私自利，但大多數的國民，豈非正是如此的麼？這類的議員，其實確是國民的代表。」對國民素質的失望，轉而導致對議會制度的否定。魯迅這樣立論：「此後最要緊的是改革國民性，否則，無論是專制，是共和，是什麼什麼，招牌雖換，貨色照舊，全不行的。」

當然，時人也有不認同魯迅的觀點，認為共和制度本身就能造就好公民。民主是立地可行的，毋需等到國民文化素質提高之後。這樣的觀點，卻遭到當時北京大學政治學博士張慰慈的反對，他說：「有人說，好人民須由民治或共和政體造就出來的。人民只有在民治制度之下才能得到政治上的訓練，才能變成好公民。反轉來說，人民如果沒有執行政治的權利，永不能得到那種相當的政治訓練，永沒有做好公民的機會。」對此，張頗不以為然，聲稱「這樣一種觀念，在理論上也許是很對的，但在事實上卻是沒有根據的。」張、魯看法一致，都認為民治制度須以國民文化素質為基礎。這種「素質論」便由那時開啟，一直沿襲到今天。

不過，即使那個時代，也有反對張魯觀點的聲音，比如胡適。實在地說，張上述所指出的觀點其實就是胡適的觀點。在制度論和素質論的排序中，胡適認為制度優先，因為制度本身就有培育公民素質的能力。胡適和張的商榷中，緊緊圍繞「民治的政治制度有沒有製造良好公民的效力」而展開。在胡適看來：「民治制度最先進的國家也不是生來就有良好公民的；英國今日的民治也是制度慢慢地訓練出來的」。「至於那些採用現成民治制度的國家，他們若等到『人民的程度夠得上』的時候方才採用民治制度，那麼，他們就永永沒有民治的希望了。」「民治制度所以有被他國採用的可能，全靠制度有教育的功用」。「民治的制度是一種最普遍的教育制度」，胡適甚至例舉了他在美國留學的例子，因為不懂大選，胡適現場請教投票選民。「我故意揀了幾個不像上等人的選民，——嘴裏嚼淡巴菰的，或說話還帶外國腔調的，——不料他們竟都能很詳細地給我解釋」。胡適說「他們何嘗讀過什麼《政治學概論》或什麼《公民須知》？他們只不過生在共和制度之下，長在民主的空氣裏，受了制度的訓練，自然得著許多民治國家的公民應有的知識，比我們在大學裏讀紙上的政治學的人還高明得多。」這就是胡適的經驗。民治作為制度，「不是什麼高不可攀的理想」，而是「可以學得到的一種政治生活的習慣」（同上）。因此，胡適的結論是，「憲政可以隨時隨地開始，但必須從幼稚園下手」。

在胡適、魯迅、張慰慈等人的看法中，我們今天無疑應該認同胡適的看法。胡適的看法「卑之無甚高論」，與其高頭講章談民主，不如立即去做。民主就像游泳一樣，只能在游泳中學會。如果一件事所需的時間越長，就越需要馬上去做。所謂「幼稚園」下手，就是從民主的最起碼處開始。民主的時間表已經耽誤了近一個世紀，沒有任何理由再延宕。素質論的要害在於它把民主難以推進的責任卸給了國民。其實阻礙民主的真正原因肯定不在國民，而在制度本身——這也就是我們所以要政治制度改革的原因。

人權的障礙在哪裏

近日接到的《社會科學報》，其頭版以「社科界學者解讀十七大」為通欄，其中一篇談人權保障新理念的文章，稱十七大報告一個很鮮明的特點，不但肯定「人權事業健康發展」，而且「使用『權利』一詞之多前所未有」。人權者，人之權利也。肯定人權，而不是像體制過去那樣把人權當「資產階級法權」來批，的確是好事。至於說什麼新理念，那也是相對體制過去的人權批判而言。問題是，人權要保障，障礙在哪裏。無論人權還是人權保障，即使就二十世紀中國而言，都談不上新。因為我們的前人在幾十年前就為此努力過、抗爭過。歷史非自今日始，它的經驗可以回顧。這裏不妨透過二十世紀二十年代的一個歷史片斷，看看人權的障礙到底在哪裏。

1920年代後期，國民黨以其暴力革命推翻了當時亞洲第一個議會框架下的北洋政府，並成立自己的國民政府。這個政府1929年頒佈了一道人權保障的命令：「世界各國人權均受法律之保障。當此訓政開始，法治基礎亟宜確立。凡在中華民國法權管轄之內，無論個人或團體均不得以非法行為侵害他人身體，自由，及財產。違者即依法嚴行懲辦不貸。著行政司法各院通飭一體遵照。此令。」政府下令保障人權，而且似乎面面俱到，這當然是好事。但，有好事者偏偏看出其中的破綻。這個人是誰，就是曾經留學美國的胡適。就在此令頒佈不久，胡適以此為由寫下了〈人權與約法〉。文章從三個方面展開批評，其中第二點最切要，胡適指出：在人權的侵犯上，「命令禁止的只是『個人或團體』，而並不曾提及政府機關。……但今日我們最感痛苦的是種種政府機關或假借政府與黨部的機關侵害人民的身體自由及財產」。這真是點睛之筆，它一語道破了人權和人權保障的障礙主要不在什麼個人或團體，而在頒佈這個保障令的政府本身。

胡適的文章發表在當時上海的《新月》雜誌上，讀過那段歷史的人都知道，該文由此引發了一場在當時引起轟動的「人權運動」。這場運動是自由主義知識份子和執政體制圍繞人權問題的第一次衝突，它開啟了二十世紀以來知識份子為人權抗爭那消長起伏、時斷時續、草蛇灰線、蜿蜒潛行的歷史序幕。今天我們的努力，其實就是當年胡適努力的繼續。胡適的意義在於，在不知人權為何物的國家，國民政府提出人權保障的新理念時（這姑且視其為進步），他更準確也更有針對性地指出了人權障礙之所在的新理念（這顯然比前者更進一步）。從人權保障到人權障礙，只有明白後者，才能有效地落實前者，否則前者只能流於我們都很熟悉的話語秀。然而，胡適的文章遭到了當時執政體制的圍剿，不少省市黨部公開要求懲辦胡適，以致胡適和他的朋友不得不離開自己的教職和上海。由此可見，打壓「人權運動」的，恰恰就是剛才表態要保障人權的國民黨。

今天看來。胡適的〈人權與約法〉具有一定的經典性。它所提供給我們的關鍵一點是：權利最大的傷害在權力，人權保障的要害是政府權。這不僅是指當時威權體制的國民政府，也不僅指後來極權性的左傾體制，甚至連英美體制也包括在內。權力，只要是權力，無論來自君主、抑或來自民主，更無論來自武裝革命的暴力，對權利無不具有天然的侵害性。人權障礙在此，問題蓋在怎麼辦。體制問題體制解決。扼其要，有兩點。一，權力必須來自民主。不民主，權力傷害權利，權利卻無能更換它，那只有不斷受荼毒。就此而言，政府權力不在於它聲稱是人民的（of the people）或為人民的（for the people），關鍵在於它必須來自國家公民（by the people）。二，權力分配必須制衡。即使民主權力，也會自身坐大，而在既定空間內，權力大則權利小，這是簡單的加減法。所以僅僅民主還不夠，更必須以憲政的方式以制約權力而保障權利。以上國民政府張口便是「著行政司法各院通飭一體遵照」。可見在它那裏，國家權力是「一體化」的（我們叫「一元化」），不僅支配行政，而且支配司法。權力至大如此，個人權利又安可抗衡。

任何一種制度，如果沒有權力來源上的民主化和權力配置上的憲政化，人權保障就是空話。

法治的障礙在哪裏

「法治藍圖清晰可見，八位法學家熱議十七大報告」：此乃《檢查日報》前些時一篇醒目的報導標題。標題中「藍圖」一詞似乎更醒目。通常，藍圖指的是一項建設計畫，計畫而已，還未實現。落實到法治，法治的呼籲自下及上，歷久常新，至今還是藍圖。可見從紙上到紙下，路途迢遞。那麼，法治的障礙在哪裏？果如以世紀眼光來看，今天的問題其實就是歷史的問題。既然我們是從歷史中走來，此刻，不妨重新回到歷史中去。

1929年，相傳漢時所立的泰山頂上一塊高大古老的「無字碑」，突然被鐫刻上六個擘窠大字：「黨權高於一切」。以此碑從無字到有字為象徵，這一年便成了20世紀中國歷史上的一道分水嶺。此前，是北洋在形式上效仿來自英美法統的議會政治；此後，則是國民政府照搬蘇俄「以黨為掌握政權之中樞」的國民黨「黨治」。這兩種政治在當時被認為後者是前者的進步，因為時人普遍認同蘇俄進步於英美。但歷史往往是以進步的名義倒退，當時一些具有英美留學背景的知識份子，如胡適、羅隆基等便從中感到隱憂。這樣的政治在胡適眼裏是「無法無天的政治」，他在和朋友的商談中，形成一個共識：「此時應有一個大運動起來，明白否認一黨專政，……，以憲法為號召，恢復民國初年的局面。」

這個大運動就是差不多被歷史湮沒了的「人權運動」。該運動有兩個文本值得注意，一篇是胡適為運動開頭的〈人權與約法〉，另篇是羅隆基為運動煞尾的〈什麼是法治〉。兩文遙相呼應又互補，都是在法和法治上問難國民黨。因為在他們眼裏，高度合一的國民黨黨權和國民政府行政權之所以是人權障礙本身，就在於沒有另外的權力能夠制約它。胡適舉了一個例子，1929年國民黨三全大會上，上海特別市黨部的代表提交一個〈嚴厲處置反革命分子案〉，主張：「凡經省黨部及特別市黨部書面證明為反革命分子者，法院或其他法定之受理機關應以反革命罪處分之」。一句話便揭櫫在國民黨黨治下，法院只是它的統治工具和執行機關。如果國民黨和國民政府本身侵犯人權，法院是拿它沒辦法的，因為它的權力在前者之下。

正是在這種背景下，爭取「憲法」和「法治」就成為胡、羅等人的共同努力。

憲法的精義是在國家最高權力上進行權力配置。它不讓任何一種權力成為「掌握政權之中樞」，相反，它的工作則是打破最高層的中樞權力，變權力一元為多元。多元之間，各司其政，彼此制衡。在胡適推重的憲法框架裏，法院權力非但不必聽命於其他任何一種權力，它反而有權力裁定國民黨或國民政府的某些權力舉措為非法，典型如上述那個處置反革命分子案。國民黨曾經聲稱自己比美國憲政更合理，因為美國是「三權」，它是「五權」。這不過是一個謎眼障。在美國，法院權力至上，亦即不再有任何一種高於它的權力存在；而國民黨權力再細分，眾權之上，還有一個統領一切的權力中樞，它在法律之上並支配之。所以胡適在其後約法討論中說：「不但政府的許可權要受約法的制裁。黨的許可權也要受約法的制裁。如果黨不受約法的制裁，那就是一國之中仍有特殊階級超出法律的制裁外，那還成『法治』嗎？」

什麼是法治，羅隆基認為：「法治的真義，是政府守法，是政府的一舉一動，不憑執政者意氣上的成見為準則。」他同時徵引英國憲法學家戴雪的話：「法治的意義，第一，是法律絕對的超越或卓越的地位與專橫的權力的效力相敵對。」這裏有兩種權力，一種是法律的權力，一種是政治的權力（包括政黨的權力和政府的權力）。法治的衡量在於，是法律權力服從政治權力，還是政治權力服從法律權力。後者顯然是法治，前者即國民黨之黨治。以上國民黨揮舞政治大棒，任意把人打成反革命，還要政治問題法律化，讓法律幫從處分。這是政治（包括政黨）凌駕於法治之上，法治的障礙就在這裏。所以，要讓法治的藍圖變成現實，無他，必須承認在一切權力中「法律超越或卓越的地位 」，此即任何權力包括黨與政的權力都必須低首於憲法，按它的原則行事，而不能位它之上。法治與否，蓋在此也。

臺灣「教材門」中的思想國有化

元月下旬，在廣東金羊網上讀到這樣一篇文章，〈經濟主義過熱，中國艱難重建意識形態〉，作者鄭永年，是英國諾丁漢大學中國研究所教授。這篇文章如同一篇策論，是在邀請執政體制在精神領域重建意識形態，從而提高自己的執政能力。我可以贊成執政體制提高自己的執政能力，這樣可以更好地為社會服務；但，我不贊成以訴諸意識形態的方式。因為意識形態說白了，不是用以為社會服務的，而是用來統治社會的，它是從思想角度介入社會的一種統治形式。

意識形態統治的最近的例子便是發生在臺灣那邊的「教材門」。據臺灣傳媒報導，今年開春後臺島高二歷史課本將出現一系列語詞變化，如「本國史」改稱「中國史」，「日據」改為「日治」，武昌起義、廣州起義中的「起義」一律改成「起事」……。這樣的改變不是來自編寫者，而是來自臺灣教育當局。他們利用手中的教材審查權，強行改變原教材使用的編寫語言，否則教材不予透過。

語言是思想的現實表現。把「本國史」改為「中國史」是使臺灣自居中國之外。而「日據」變「日治」，是試圖把當年日本佔據臺灣的歷史中立化。同樣，「起義」是褒義，「起事」則中性其褒義。如此語言運作，乃是臺灣執政當局要把自己的「台獨」思想貫穿到歷史教科書中去。我們知道，臺灣中小學教材以前是由政府統編的，那是國家思想的直接體現。上個世紀九十年代以來，臺灣教材編寫民間化，編寫者們可以在教材中表達不同的思想觀念，這是一個進步。但，政府審查制度的存在，使得它依然有管道、有權力強加自己的思想。這次「教材門」事件，讓我們看到，意識形態的干涉是如此的不講道理和明目張膽。

那麼，什麼是意識形態呢？通俗地說，意識形態是一種思想形態或觀念形態，它是某種思想或觀念在語言上的表現。對一個正常社會來說，一定存在著各種各樣的思想觀念，這些思想觀念彼此交鋒，也彼此交疊。如果沒有交鋒，說明這個社會在思想上是鐵板一塊；如果沒有交疊，那麼這個社會也難以達成相應的合作。各種思想觀念以言論自由的方式存在著、競爭著，它們以自己的言說吸引和影響不同的人們，而人們也以此（當然也有其他因素）形成不同的社群。當然，這裏所說是一個正常社會或民主社會常見的情形，在這樣的社會中，是不可能有意識形態的。意識形態之出現，肯定是一個非正常的社會。說它不正常，乃在於這個社會沒有眾多的思想，只有一個思想，沒有眾多的聲音，只有一種聲音。這一個思想和一個聲音，就是意識形態。當年馬克思直接把意識形態解釋為「統治階級的思想」，統治階級的思想也就是統治思想。問題不在於統治者不能有思想，而是統治者總是要用自己的思想來干涉和撲滅這個社會中不同於自己思想的思想。於是，百花齊放沒有了，百家爭鳴沒有了，有的只是官方一家的思想。但，這已經不是思想，而是思想統治。

「教材門」事件中的臺灣當局正是要利用手中的權力在「台獨」問題上搞思想統治。它不允許不同的聲音出現，它要以它自己的聲音當然也是唯一的聲音進入教材、進入輿論，從而完成對學生、對社會的思想統一。這正如哈耶克在〈論思想國有〉一文開頭所說的那樣：「一個政府要使大家為一個單獨的社會計畫而服務，最有效的辦法便是使每一個人都贊同這個社會計畫所要達到的目標。」臺灣民進黨的執政目標（之一）就是「台獨」，這個目標需要所謂的民心所向，而教育正是塑造民心乃至利用民心的一個有效的方式。所以臺灣教育當局不惜赤裸裸地動用行政權力來推行它的「思想國有」。令人感到欣慰的是，臺灣學人以他們的方式發出了抗議，這樣的抗議本質上可以理解為反意識形態和反思想國有。

因此，回到我的開頭，身處海外的鄭永年教授，匪夷所思地伸張什麼重建意識形態，不論他的動機如何，客觀上看，這個重建只能讓我們重新回到我們正在努力走出的那個時代。

教授治校：一段逝而難復的夢

「張鳴事件」中的張鳴本人以及這個事件本身所揭櫫出來的問題是同一個，即「大學行政化」。大學行政化，有人說成是「大學衙門化」，其實都不是準確的說法，但大家心知肚明，刻下也只能這麼表述。還是在上個世紀二十年代，安徽大學學長劉文典頂撞到校視察的蔣介石，有過一個著名的觀點：「大學不是衙門」。但這個觀點不幸早已成為歷史的「斷爛朝報」。用我自己在某篇文章中的話：「大學不是辦成了衙門，而是辦成了政府——不信到各大學走一圈，看看樓道裏各個門口上掛的牌子就明白了。」

大學到底應該如何辦，這個問題牽涉到大學體制。大學行政化就是一種大學體制，和這種體制不同的是去行政化的大學自治，它的基本表現就是「教授治校」。教授治校並非空穴來風，而是我們教育史上曾經有過的一頁。如果我們承認蔡元培1917年執掌北大時發佈的觀點：「大學者，研究高深學問者也」，就不難理解他為什麼要努力推行教授治校的辦學體制。這個體制不自英美、不自法日，而是借鑒德國。蔡元培說：法國教育權集中於政府，大學皆國立，校長由政府任命。英美大學多私立，經濟權操於董事會，校長由董事會聘任。德國大學不論國立市立，行政權集中於大學之「評議會」。評議會由校長、各科學長與一部分教授組成。校長與學長由評議會選舉，一年一任。同時，在評議會之外，還有教授會。這樣一種大學建構，也是時人梁啟超的看法：大學組織應以教授團為主，……大學校長可以由教授團推舉，或互推或各教授輪流擔任。從蔡、梁二位的表述中，我們不難得知教授治校的大概。

二十世紀中國教育史，教授治校做得最好的是清華大學。可以大略看看清華大學兩個當家部門的構成和職責。評議會由校長、教務長以及由教授會推選出來的教授評議員構成，共七人，其中教授占五人，顯然是以教授為主。教授會的構成是各行政部門的主任和全體教授，儘管以校長為主席，教務長副主席，但構成主體依然是教授。教授會負責全校的教學，如審定全校課程、議決各種教務，同時還由它選舉教務長和評議員。評議會負責包括教務在內的全部校政，如制定學校教育方針及各種規則，審定學校預算決算，同時議決全校教授與各行政部門主任的任免。可以看到的是，除了沒有做到大學校長由教授推舉或由教授輪值外，舉凡校中的各級權力部門如各學系主任和各行政主任，都出自教授的選票，這還不包括教授在各種校務上的舉足輕重的發言權。

從清華的歷史看，清華校長固然照例由政府任命，但這個校長如果不走教授治校的路線而試圖搞閣揆式的校長治校，他就很難在清華待下去。1928年，蔣介石的國民政府取代北洋後，先後任命羅家倫、吳南軒為清華校長，可是他們兩位都乘興而來，鎩羽而歸。羅上任後，不與清華教授商量就制定《國立清華大學條例》，用以取代原來的學校組織大綱。該條例乃在加強中央教育機關並校長的權力，比如，聘任各學院院長原來是教授會的事，現在變成了校長的權力而教授會反而不能過問。應該說，大學行政化非自今天，而是始自剛得到政權的國民黨。作為一個威權體制，它當然要把自己的意志透過它所委派的校長加強給大學。可是，無論羅、吳都沒能夠做到這一點。尤其後者，上任伊始，在四個院長的任命上，直接和教授會發生衝突。吳強行任命一個由他帶來的文學院長，教授會則啟動他們原來的程序予以否決。其結果，不但那個院長未能就任，就連吳南軒自己最後也無奈地離開清華。

教授治校是學術至上，行政其中。大學行政化下的校長治校則是行政凌駕學術之上，而非行政為學術服務。兩個路徑，兩種大學，前者是學問機關，後者是官場。我們的國家領導人追問中國為什麼出不了大師，不妨從現行的大學體制上找原因。教授治校是我們曾經的一段歷史，但這段歷史已經成了如煙的夢。舊夢依稀，聊以重溫，無非是希望有夢迴的那一天。只是這段逝而難復的夢，到底是逝而未復，還是逝而不復，就非我所能回答了。

從教育部不硬性規定大學語文說開去

近日，新華網上有這樣一個聳人聽聞的標題「教育部闢謠：未對高校大學語文課程開設做硬性規定」。難道規定大學語文開課與否要上升到闢謠的高度？這個新聞為了招搖而擬題過度。不過我還是很認同該新聞本身的，它顯示了國家權力機關在權力運作上的某種自律。教育部對大學語文的課程只是希望和建議，但並未規定。正如教育部有關部門負責人稱：「因高校課程設置問題涉及高校辦學自主權範疇，教育部並未對高校大學語文課程開設做硬性規定，該課程如何設置由學校自行決定。」

這位發言人的姿態很好。在計劃經濟時代，正如計劃經濟實質上指令性經濟，那個時代的教育當然也是指令性教育。現在，在市場化的過程中，如果市場經濟是自由經濟，那麼，教育，特別是中國高等教育亦應擺脫指令性教育的格局，往自由教育的方向發展。落實到課程上，各高校開什麼課以及如何開，就屬於高校辦學自主或自由教育的範疇。教育部在大學語文課程的設置上比較好地做到了非指令化，令人稱道。但這一點做的還不夠，因為我們知道，在高校其他一些課程上，比如那些課時量頗大的政治課，全國一盤棋的狀況依然存在，教育部的指令性權力也依然高懸。這是課程之間的不平等。在此，希望教育部在這一問題上進一步束約自己的指令性權力。

我不僅贊成教育部不硬性規定開設大學語文課，而且在理論上我也不贊成大學開設大學語文課。語文指的是語言文字，這是一種工具性教育。一個人擺脫文盲狀態，就是首先從學會語言文字開始的。作為課，它是且只能是九年義務教育的任務。國家義務教育的任務之一，就是讓每一個人能夠運用本民族的語言文字有效地表達自己並與他人交流。為了完成這一任務，國家與個人已經耗去九年時光，成本不可謂不高。結果，大學生進了大學，還繼續在課堂上語文。那麼，這個問題的排他性在於：要麼中小學的教育任務沒有完成，要麼大學設置的這門課是重複和多餘。我們知道，大學語文這門課大致是從1978年開始的，它的提出者是當年南京大學的老校長匡亞明。但這門課的特殊背景在於，那是一個不正常的時代。文革十年對教育造成了全面的破壞，積重難返，以至大學教育還要補中學教育的課。今天，如果大學依然上語文，要問的便是，我們的義務教育是幹什麼的。

我不贊成大學開語文，我贊成大學開人文。儘管語文課可以有人文的內容，但人文課卻並非語文課。兩者不同質：一個屬於語言工具類，一個屬於精神修養類。記得一次和朋友聊天時，我說目前中國大學課程，大致可分兩類，一類是專業課，那是為了以後吃飯的。一類是思想課，那是用主義教育人的。針對這兩種課群，我提出的補充是，用大學人文補充各類專業課，避免人成為單純的謀生動物。我還主張用大學公民課補充第二類課，讓學生在某一思想外再接受一些普世價值。作為補充性的大學人文課和大學公民課有不同的分工，前者關注的是個人在精神上的安身立命，後者關注的是個人作為社會人他的公共關懷。

這裏暫不討論大學公民課。和現行的大學語文比較，大學人文的意義在於，它是教養作為獨立個體的人，尤其是在精神修為上。這個任務大學語文無以為之，它的命名就註定了它的局限。現下的大學語文教材多以文學類作品為主，慣例，中文系是不上的。但中文系的學生如果不缺文學，他們依然缺人文。人文不以文學為主，但可以包括文學，同時它更擴展到文學之外，還包括哲學、美學、藝術、史學、倫理學等內容。可見，和大學語文不同，大學人文是可以針對每一個大學生的。這是古老的《周易》：「觀乎天文，以察時變；觀乎人文，以化成天下。」對天象的觀察，可以把握時季的變化；那麼作為精神形態的人文，是用來化育所有的天下人。人，從自然人到文明人，正賴此教化之功，否則即未走出野蠻。因此，嚴格地說，大學人文不是文化課，而是文明課。至於此種課程的開設，上個世紀初美國芝加哥大學的做法是一個很好的參照：讀經典。經典是人類文明的結晶，當然，我們今天的經典，不僅西方，同時更包括自身的傳統，如儒、道。

推廣校園舞是教育部的權力

長袖善舞

這是6月3日網易上「教育部在全國推廣中小學校園集體舞」這條新聞的核心提示：「2007年9月1日起，全國所有中小學生每天都必須要跳校園集體舞，其中男女生手拉手共跳的華爾滋將成為高中生的指定舞蹈。教育部相關負責人說，讓中小學生跳集體舞，可以培養學生審美情趣，同樣也可以鍛煉身體。」

既是「推廣」又何必「必須」，既為「指定」又談何「審美」。新聞本身還沒看，以上提示中的關鍵字就讓我眼睛發花。本來是一條新聞，怎麼讀來卻像一個權力告示。到底是國家教育部，張口就是「全國」，閉口就是「必須」。很難想像這個世界上的任何一個國家教育部會有這麼大的權力，或者會有這麼大的權力範圍。國家新聞出版總署的新署長上任伊始有過一句很精彩的表白：多動用智慧，少動用權力。在我看來，這條新聞的內容，動用最多的就是權力，連跳舞都沒放過。

教育部有必要在全國中小學推廣校園集體舞嗎？我們經歷過一個國家只唱一首歌、只跳一支舞的時代，那個時代是權力的時代而非權利的時代，單調乏味，只有一個色彩。今天，作為職能部門的國家教育部，把手中的職能權力事無鉅細地落實到學生的課間跳舞上，並且指定曲目。雖然不是針對一個國家，卻也是針對這個國家中的所有的中小學。讓全國所有的中小學生整齊劃一地圍繞這幾隻曲子翩翩起舞，不知怎的，我的眼前晃動的是過去那個時代的影子。那個時代是計劃經濟，所謂計畫就是指令。指令無孔不入，包括人們的日常生活。今天的時代正處在計畫向市場的轉型，而市場的精魂就是自由。從指令到自由就是從權力主導到權利主導，作為一種歷史趨勢，它意味著這樣兩方面：一方面是權力需要自律，它不能向過去那樣試圖指令一切，包括唱歌跳舞；另一方面是權利需要自主，比如這裏的唱歌跳舞，唱不唱，跳不跳，以及唱什麼和跳什麼，是各個地區、各個學校的權利，它們有自己選擇的自由。就教育部推廣校園舞而言，我看到的是教育部的權力長袖善舞。某些教育部的官員看來還眷戀過去時代的指令性的那一套，這種做法和當下時代的價值轉型顯得脫節。

「據相關負責人稱，這七套校園集體舞是教育部組織專家花了兩年時間在充分調查研究和科學實驗的基礎上，考慮到不同年齡段學生的生理和心理發育規律而創編的，具有鮮明的教育性、科學性和群體參與性」。這是教育部推廣校園舞的動機，其中的「教育性」當然包含其意識形態的訴求。以上說校園舞是為了培養審美情趣，這裏又聲稱是教育。其實，跳舞就是跳舞，娛樂就是娛樂，別讓一個對象負載那麼多。學校當然是教育的地方，但，一種教育如果是無孔不入的，也未必是一種好教育。就中小學校而言，它在既定教育之外，還應該以自由的方式養成學生各個方面的情趣，而不是把學生納入一種模式當中。這其實也是一種教育，叫自由教育。比如剛才談審美，在現代美學中，審美就和自由緊密聯繫在一起，沒有自由就沒有審美。假如有的學生喜歡繪畫而不喜歡跳舞，好靜而不好動，他或她本來可以選擇不跳，這也沒什麼。但現在不行，跳成了一個必須，它是教育部的指令。試想，一個學生如果因某種指令而跳舞，且沒有不跳的自由，這個學生是否會感到其中的樂趣，是否會達至所謂的審美。動機和效果需要統一，教育部的動機即使是良善的，但效果卻可能適得其反。

然而，這裏未必沒有另外一個意義上的動機和效果。教育部指令性地推廣校園舞，那就意味著全國所有的中小學都必須購買由教育部出面編制的這《第一套全國中小學校園集體舞》。我無能統計全國中小學的數量，但任何一個人都可以想像由這個數量去購買所形成的巨大的經濟利益。問題是滾滾財源到誰家？這樣的推斷如果成立，那麼，審美也好，教育也罷，它不過是個理由，真正的原因則是藏在後面的利益。

以手中的權力來牟取利益，是所謂「權力自肥」。

罵人豈能是愛國

自2月28日葉永烈先生把他在《新民週刊》上關於何智麗的文章貼上新浪博客，短短的一周中可能就獲得國內博客的最高點擊。剛才去看《何智麗——我想有個家》的連載三，已經被點擊近七十萬次，跟貼也有七千多條，而且還有欲罷不能的趨勢。這樣一個高點擊和高跟貼，不禁讓人感到炙手可熱。可是，如果打開後面的跟貼流覽，至少是我，頓時感到內心發寒。謾罵，混一色的謾罵，侮辱，不打草稿的侮辱，可謂鋪天蓋地。以這樣一個龐大的數量，針對的又僅僅是一個女性。我感到了一種叫作「恨」的心理能量，它像原子裂變一般，無法不讓人心裏發怵。

什麼「漢奸」、「敗類」、「叛徒」，又是什麼「狗」、「日本狗」、「母狗」，至於那些涉及器官性的謾罵，這裏免去。罵人花樣百出，緣由只出一個：義憤、愛國的義憤、民族主義的義憤。當年胡適先生有一個詞，叫「正義的火氣」，正可用在這裏。只是「火氣」一詞份量太輕，庶可叫作「正義的仇恨」吧！何智麗九十年代的一場比賽，以日本人的身份擊敗中國人，而且每打出一個好球，嘴裏都一聲「喲西」，尤其勝球之後，言論無遮，把國人給徹底得罪。今天，恰巧有了一個洩憤的機緣，於是便出現以上連版累牘的網路大甩罵。

就像我無意為何智麗辯護，儘管我認為她當年的作為至少是她個人的權利；我也不想懷疑和否定網路罵人者那份愛國的真實感情，只是覺得這愛國感情表現得也太糟糕。「國家」本是由人構成的，沒有人組成的國家，不過是一個「空洞的能指」。因此，愛國就是愛人，或者，愛國不妨先自愛人始。可是，我看到的是什麼？不是愛，是恨，一種咬牙切齒的恨。誰也不能說那粗鄙的罵和恨就是愛。或者，把罵當作愛，把恨當作愛；如果不是我們不會愛，那肯定是愛的畸形。問題是，我們的愛國，怎麼經常處於這畸形的狀態中？在我看來，即使我們不愛這個人，即使這個人可能傷害過我們，也大可不必恨到今天這個地步。如果說愛是一種力量，而恨則往往出自恐懼。一個對象，當我們不能戰勝它而又敵意它的時候，就會轉化為恨，怨恨。相反，如果我們學會寬容，而寬容才是愛的表現；那麼，哪怕一個對象真的傷害過我們，我們也抱之以寬容，這，才是真正的力量。想想吧，那無言的海納百川般的寬容和現在網路上連成一片的叫罵，究竟誰更有力量。

反諷的是，面對眾罵，有人出來勸阻，於是有貼子說「我們這裏正在進行愛國主義教育」，聲稱「一個民族不能沒有尊嚴」。罵人是教育，罵人顯示尊嚴？更有貼子聳人聽聞：「如果一個南韓人，加入了日本籍，在奧運會中擊敗了南韓的對手。並還喊出「喲西」。那人大概就活不長了。我並不是在讚揚半島人。但中國人實在就是缺少了這麼點民族氣節。」大概還嫌罵得不夠，還要殺之後快，而且，這才是民族氣節。教育、尊嚴、氣節……，無一不是正面的辭彙，又無一不帶著一股戾氣，這樣的現象也夠詭異。如果我們真的接受過良好的教育，我們在任何情況下都不會這樣罵人，何況罵的是一個女性。如果罵人能顯示尊嚴，而且是民族的尊嚴，那麼構成這個民族的人就沒有一點尊嚴可言。殺人，殺任何人都談不上什麼氣節，除非自己殺身成仁。本來這都是簡單的道理，可是，一旦頂上了愛國的名頭，怎麼連常識都分辨不清，而且讓我們自己直跌「人」的水平線以下。愛國固然好，可是愛國也要愛出一個水平來，豈能愛得這樣沒教育、沒尊嚴、沒氣節。

這是一個老問題了，看樣還會繼續老下去：以罵彰顯自己的愛國，以愛國的名義任意開罵，而且比罵。在一個文明社會，或對一個文明人來說，你有任何道理，都不能成為罵人的理由。不能因為愛國的動機是對的，就可以不擇手段。手段的惡劣無以證明動機的正當。退步說，即使愛國，罵人又豈能是愛國。豈不知，罵人不但有損人格（自己的），也有損國格。罵人風長，斯文掃地，難道不有傷我們這個號稱幾千年的文明古國？

請罵人者戒！

少林寺為何要披「中華民族」的袈裟

少林寺最近上了新聞。一個網友在「鐵血論壇」中的「搞笑幽默」版發帖〈日本伊賀忍者少林踢館，眾僧不敵枉為武林泰斗〉。該貼純屬「搞笑」，並未引起多大關注。但有好事媒體有意把它當新聞來做，這便驚動了少林寺。於是便有〈嵩山少林寺法律顧問授權網易獨家鄭重聲明〉。聲明強烈譴責該網友的「惡劣行徑」，稱「這不僅是對少林寺和少林寺全體僧眾，更是對中國武術界以及中華民族的一種極端不負責的行為。」然後要求這位網友「自行公開道歉，向全體中國人民謝罪。否則，我們將依法追究其法律責任。」

讀過《南方都市報》這則新聞，便不由想起聽說過的反右時的一件事。兩個同事上街買布。有兩種布料，一種叫單面卡，一種叫雙面卡。一個同事買了其中一種，並說另一種如何不好。完全是隨口，卻沒想到因言賈禍。這句話不幸使這位同事成了右派，理由很簡單，單面卡雙面卡都是社會主義的布，怎麼能說不好呢。說不好就是「攻擊社會主義的布」。

這兩件事相隔幾十年，又毫不相干；但看似風馬牛卻又存在著某種相似性的「草蛇灰線」。這是國人曾經熟悉的一個詞：上綱上線。說一塊布不好，就是攻擊社會主義；正如同搞笑一下少林，就事關中華民族：兩者的邏輯何其一致。在那個年代，上綱上線讓多少人付出沉重的代價，又讓多少人說話時噤若寒蟬。可是這個詞本身卻沒有隨同那個時代退出歷史舞臺，它似乎像基因一樣固存於國人的思維習慣和語言習慣中。本來，僧俗是兩界，但，不承想和尚也會上綱。上綱的作法不讓前人，又似乎比少林秘笈「一指禪」來得更精熟。

沒錯，這個帖子是針對少林的，它的波及面充其量也就是聲明中所說的「少林寺全體僧眾」。可是，我們看到，一個「不僅」，少林僧眾便「更是」為中華民族了。在什麼意義上，這兩者遞進一下就可以等同呢，少林寺是不是在自我坐大。固然少林武功天下強盛，別人可以說它代表了中華武功，這是給它一個光榮。但它自己卻不能以「中華民族」自居，更不能認為別人衝著它就是衝著中華民族。中華民族是眾多民族的集合，作為一個集合概念，它不是也不可能是任何一個具體的對象。因此，誰都不能把自己膨化為中華民族，這種拉大旗作虎皮的方式肯定讓人徒增反感。

我們希望少林強大，但不希望看到少林托大。一方寺廟，獨對天下，這是強大。寺廟一方，卻要披上個中華民族的袈裟，這是托大。托大不是強大，正如強大不需要托大。托大是強大的反面，因為這不是少林寺為中華民族擔待，而是要中華民族為它擔待。少林就是一個寺，為何要自說自話披袈裟。就一個寺而言，少林責求網友向全體中國人謝罪，是沒道理的。這個人即使得罪了少林，卻沒有得罪全體中國人，少林豈能借「謝罪」之棧道，暗修「等同」之陳倉。況且，所謂得罪，不過就是一個搞笑。少林如果大度，何妨一笑置之，沉默是金。然而，它武功強盛，精神脆弱，連一個帖子都擔待不起，又是鄭重聲明，又是迫人謝罪。按這謝罪邏輯，莫非忍者踢館踢輸了，你少林還要張榜感謝這位網友愛國、愛民族。

很難想像那位網友如果不謝罪，少林寺會如何打這場官司。我很好奇，它以什麼名義起訴呢？中華民族，還是少林寺？前者是笑話，後者贏不了。少林不是神，亦非普通人。神不能搞笑，普通人也不能惡搞；然而，這樣搞一下少林，即使不雅，也無傷大雅。少林武功譽滿天下，它由此而成為一個公眾對象。公眾對象在吸引眼球的同時，也需要付出一定代價。上述對它的「烏搞」，即為代價之一。它只有看著，卻不能像一個普通的自然人那樣起訴。這其實也未必不公平，你得到了讚譽，就得接受攻訐，甚至不需要理由，對方也不必負什麼責任。這是制度環境的不同，在美國，對一個普通人是不能網路惡搞的，但對公眾對象卻網開一面。比如美國總統吧，戲弄他，又如何。只是他不會動打官司的念頭，他知道打不贏。

中學為私　西學為公

「中學為體，西學為用」的問題幾乎困擾了我們一個世紀，該問題是1898年張之洞為「會通中西，權衡新舊」所提出。一百多年過去，在中西文化關係上，反對它也好，支持它也罷，我們的思維似乎一直沒有走出這八個字的「體用模式」。上個世紀末，一個文化老者聲稱：二十一世紀是中國文化的世紀，於是中國文化行情漸長，甚至有學者要用它來解決全球性的問題。前不久，湯一介先生的〈儒學與當今全球性三大難題〉，就是向全世界推廣傳統儒文化的顯例。

是否可以改換一種思路重新審視中西方的文化關係呢。在我看來，體用模式的弊端在於它的整體性，整體性容易導致獨斷論。一則人的生活本身就不是整體的，它可以分為私人領域和公共領域。另則作為「體」的中學或西學也都不是鐵板一塊，可以而且應該對它們作必要的價值分殊。體用原本不二，以此為體，以彼為用，紙上說說可以，但實際上做不到。百十年來，張之洞以中學為體顯然失敗了，新文化勇士們試圖以西學為體，全盤西化，明顯也沒成功。因此，張氏的體用八字可以宣告休矣。

在我看來（我既認同西方文化，又眷戀傳統文化），這兩種文化與其體用，孰若並置。或者，把體用模式轉換為一種公私結構，未必要讓它們「會通」，而是使它們各有應對。這裏，我不妨仿張之洞來個「新八字」：中學為私，西學為公。也就是說，在私人生活中，我傾向於更多地保持傳統文化的某些內容；在公共領域，我主張盡可能地向西方學習，尤其是學習近代以來的西方文化。

就公共生活而言，近代以來的西方文化厥功甚偉，它向全人類貢獻了一份普世價值的菜單。這份菜單上有自由、民主、法治、公平、正義、憲政等內容，這些內容在我們的傳統文化中屬於稀缺的甚至是缺失的價值資源。這些資源早自嚴復就開始輸入本土（比如自由），但嚴復的可貴在於他並不反傳統。到了新青年，局勢驟然一變。雖然功能表上又追加了民主與科學，但它卻走上了一個世紀以來全盤反傳統的不歸路。歷史經驗表明，沒有自由民主法治的公共生活，只能是專制與極權。中國傳統社會是專制社會，後來前蘇聯之類的社會甚至走上了比專制更甚的極權道路。由此可見，在公共領域中，能夠誕生自由民主的英美政治文化，是我們從事制度建設的主要資源。在這一點上，傳統儒文化幫不上忙。力主君君臣臣父父子子的儒家禮治，本身就是一個反平等、非民主、無自由的差序格局。

然而，在私人生活中，傳統文化非但沒有過時，即使在今天，都有著不可低估的積極意義。儒文化是強調個人修行的，比如「八條目」即格物、致知、誠意、正心、修身、齊家、治國、平天下，這是一個擴展程序，也是一份價值功能表。它的問題固不小，但至少其中的誠意正心修身等內容，對於現代化所帶來的一路下行的世俗化，則有一定的道德逆挽作用。當然，推崇傳統文化，強調的是個人的道德自律而非他律。他律就變成道德專制了，傳統社會正是如此。在個人自律的意義上，古代士人重名節，總比今天唯利是圖、不講廉恥要好得多。現代社會是一個慾望過度開發的社會，慾望本身沒問題，但慾望的無止境卻肯定帶來諸多問題。因病發藥，傳統文化的道德屬性可以也應當發揮它這方面的功能。今天我們能碰上一個道德自潔的人，雖身不能至，卻也是心嚮往之的呀。

中學為私，西學為公，反對的是那種整體論思維。人的私人生活和公共生活是兩個空間，不要混淆，也不能混淆。像上述八條目，是一條「內聖外王」之道。由於缺乏私人生活和公共生活的必要界分，傳統文化從內聖直驅外王，而不是把它打成兩橛，讓內聖的歸內聖，外王的歸外王，結果走上了「政教合一」的專制途。在我看來，內聖屬於私人空間，外王則是公共領域。今天既不需要像新青年那樣把傳統一棍子打死，可以把它留給作為個人選擇的私人領域；也不必像今天的一些新儒家，一意要用儒來治天下。外王還是讓度給外來的民主憲政吧，儒文化不要輕易僭越，否則橘逾淮則為枳。在這個意義上，我不僅反對試圖重新意識形態化的新「儒教」（蔣慶），亦不贊同公共領域中的「儒家自由主義」（杜維明）和「儒家社會主義」（甘陽），同樣也不贊同上述湯先生向全球推廣的儒家「仁政」（它的毛病是德治國而不是法治國）。

讓儒家回歸私人領域吧，就像讓民主憲政看守公共領域。從體用到公私，我們需要注意的，是人類生活本身的分際和兩種文化的邊界。

再說「中學為私　西學為公」

秋風先生針對我的「中學為私，西學為公」發表意見，主張要對張之洞的「中體西用」抱同情之理解。我固可以理解張氏之意，但這層意思如果以「體用」表達，便為不通。當時嚴復打過一個比喻：「體用者，即一物而言之也。有牛之體，則有負重之用；有馬之體，則有致遠之用，未聞以牛為體以馬為用者也。」嚴復的結論是「中學有中學之體用，西學有西學之體用，分之則兩立，合之則兩亡。」這是體用不二的精彩表述。因此，流貫一個世紀的中體西用說或西體中用說，則如牛體馬用或馬體牛用者也，不能致遠，又未能負重。

再而言，中學為體，這個體本身是要致用的。若援西學為用，勢必兩用之間發生抵觸。結果當然是中體之用占上風。因為西學作為一個自足的體用關係，去其體而取其用，此用則如無根之浮萍，自然難敵中體之用。按照秋風介紹的張氏觀點，保留中國社會的綱常禮教（體），同時援引西方政治制度（用），這樣就能一廂情願地做到中西合璧了嗎，答案看來是否定的。綱常禮教本身就是一種制度安排，由它所發揮的作用直接和西方民治制度相抵觸。可見平等的民治不可能與不平等的綱常媾合出一個皆大歡喜的「寧馨兒」。

形成於魏晉時代的體用論是一對古老的哲學範疇，用它來解釋中西文化，百十年來，已經明顯捉襟見肘。這時需要一個範式轉換。用公私範式替代體用範式，是因為文化是為人的，而人的生活是分為兩塊的。如果公共領域是指國家制度層面上的社會生活，私人領域則就是每一個人的日常生活。這兩種生活遊戲規則不同，它們可以分別對應於兩種不同質的文化，而不必像體用那樣硬把一個自足的文化撕扯開來，導致其分裂。公私所以能避免體用分裂，原在於生活本身就不是鐵板一塊，因為公共生活和私人生活是並列關係而不是分裂狀態。

提倡公私的意義還在於，中國傳統文化有體用而無公私。後者表現為家國同構，公私不分。比如私人生活中的父子關係儼然就是公共生活中的君臣關係；反之，分明屬於公共事務的天下事亦被視為皇家之私事，因為皇權社會號稱「家天下」。公私不分的社會是一個整體化和同質化的社會，很可怕。這種社會要害在於缺乏個人自由。現代社會，公私分明，私人生活要自由，公共生活要民治，這是一種普世潮流。因此，在對待中西兩種文化的態度上，以公私取代體用，至少更具解釋上的活力。甚至，體用關係也只有納入公私結構，才能獲得有效的解釋。比如公共領域接引西方民治，制度本身即為體，它所發揮的功能就是用。這才是真正的體用合一。同樣，私人領域，自由優先。你喜歡西方生活，這是你的權利；他喜歡叩拜孔子，也是他的自由。如以體用論，個人權利是為體，自由選擇則為用。

以上是我和秋風先生的認知不同，但我很贊成他對新文化運動中啟蒙主義的批評。近代以來，中國從閉鎖到開放，它的路線圖是從船堅炮利到戊戌維新再到新文化運動，亦即從器用層面到制度層面最後到文化層面。首先是器用層面的洋務失敗，繼而是制度層面的戊戌失敗，新文化運動便激進起來，索性在「全盤」的意義上棄舊統而納新學，顯得過於峻急。新文化的激進顯然不如嚴復式的文化保守主義，後者既在政制上引進西學，又不全盤否定傳統文化。傳統文化，泱泱數千年，總有它有價值的地方。何況價值因人而異，如果有人願意持守，又純是在社會文化層面，有何不可。這裏正可見新文化運動不懂公域私域之劃分，動輒就是全盤。然而，由全盤所帶來的整體性和同質性是危險的，它趨向於社會一元化，哪怕是「新」的一元。在此，新文化人應該盯緊的是公域，向西方學習是制度的事，主要不是文化的事（制度是公共的，文化卻可以是個人的）。固然他們也聲張民治自由，豈不知，在文化層面上，文化保守正是一種自由選擇。今天，以反思眼光看，新文化運動傳播了一些普世觀念，但他們的文化方式卻和他們推行的觀念相反。今年是新文化運動第九十周年（從1917年起算），但可惜，新文化運動的負面性以及由此帶來的歷史災變，還遠未為知識界所認識。

孫中山「伊尹訓太甲」的世紀之禍

11月12日，是民國領袖孫中山誕辰一百四十一周年紀念日。「中國選舉與治理」網推出紀念專文。該文首先提及魯迅對孫中山的評價，這裏正好讓我們看看那個時代的人是如何紀念孫中山的：「站出世間來就是革命，失敗了還是革命；中華民國成立之後，也沒有滿足過，沒有安逸過，仍然繼續著進向近於完全的革命的工作，直到臨終之際，他說道：『革命尚未成功，同志仍須努力！』」在魯迅眼裏，孫是「一個全體、永遠的革命者。無論所做的哪一件，全都是革命。無論後人如何吹求他，冷落他，他終於全都是革命。」魯迅之後，毛澤東推孫中山是「偉大的革命先行者」。可見，毛魯之間「心有靈犀一點通」，他們不約而同從革命的角度評價和紀念孫中山。

如果那是一個革命的時代——辛亥暴動推翻滿清是革命，國民黨推翻北洋是革命，中國共產黨推翻國民黨也是革命——因而從革命角度紀念這個當年不斷進行武裝起義、以暴動訴求政權的革命先行者，自是邏輯上的必然；那麼，今天顯然不再是革命的時代（如果我們不想再自殘的話）；紀念孫中山，應該或可取的角度是什麼呢？我以為，反思不妨也是一種角度，而且未必不是更需要的角度。不過，這裏反思的不是革命，而是革命以後。

孫中山革命的目標是「三民主義」，這是他的治國理念。如果審視其中作為制度訴求的「民權」，並審視孫中山和國民黨在革命後如何兌現民權，或許可以看出一些值得反思的問題。為實現三民主義的民權，孫中山制定過這樣一個路線圖和時間表：軍政、訓政、憲政；其中軍政三年，訓政六年，然後進入憲政即實現民權。問題是，革命成功即軍政完成，為何不立即兌現共和民主，卻要拉出一個延宕民權的一黨訓政呢？所謂訓政，即國民黨對民眾進行政治訓練，教導人民如何行使自己的政治主權，如選舉權、創制權、複決權、罷免權等。孫中山說：「『訓政』二字，我須解釋。本來政治主權是在人民，我們怎麼好包攬去作呢？」他自己提供的解釋是：「須知共和國，皇帝就是人民，以五千年來被壓迫做奴隸的人民，一旦抬他作起皇帝，定然是不會作的，所以我們革命黨人應該來教訓他。如伊尹訓太甲一樣。」

既然民眾連民主都不會，要由國民黨來教；那麼民權理所當然讓位於黨權；所以國民黨力主「黨權高於一切」，當然也高於民權。可以看到，直到國民黨潰退大陸之際，民權一天也沒有落實過。然而，在國民黨剛剛推行訓政之始，胡適等人就開始批評。因為在他們看來，訓政不是走向歐美性質的「法治國」，而是轉向蘇俄性質的「黨治國」。黨治，作為二十世紀最新興起的一種「現代性症候」，在全球範圍內，如果以蘇俄政制為其始，中國國民黨則繼其二，以後威權黨治又變成下一個時代的極權黨治，民主一再被拖延。胡適反對訓政，堅持認為「人民只有在民治制度之下才能得到政治上的訓練」，「民治的制度是一種最普遍的教育制度」，不需要透過黨治來訓。羅隆基和胡適配套，指出：「孫中山先生有政府是付汽車，執政是汽車夫，人民是坐汽車的主人一個比喻。果然如此，車夫是要嚴格訓練，坐汽車的主人，是用不著訓練的。」羅的觀點是，政治和人世間其他事一樣，「學到老，學不了」，「人對於政治的知識，是天天求經驗，天天求進步……一定要國民到了某種理想的境地，始可以加入政治活動，那麼，英美人現在亦應仍在訓政時期。從錯誤中尋經驗，從經驗裏得進步，這就是英美人做政治的方法，這也是我們反對訓政的理由。」

國民黨耽擱民治，反思來看，和孫中山晚年的政治轉型有關。1923年的他認為：「俄國革命六年，其成績既如此偉大；吾國革命十二年，成績無甚可述。故此後欲以黨治國，應效法俄人」。不久，在國民黨一大上孫又指出：「現尚有一事，可為我們模範，即俄國完全以黨治國，比英美法之政黨握權更進一步……俄國之能成功，即因其將黨放在國上。我以為今日是一大紀念日，應重新組織，把黨放在國上。」這就不難理解國民黨的「三民主義」為什麼在民權問題上遲難兌現。

今天是孫中山的紀念日，值此，我不妨以「民權」的追訴，紀念這個日子。

「血」的愛國，還是「制度愛國」

新華社近日發表題為〈讓愛國主義旗幟高高飄揚〉的評論員文章。作為一個國家公民，我想接著談談我們今天應該如何愛國。這個問題不妨從胡適當年留美的一則日記談起。

胡適留美日記，有一則題為〈論「去無道而就有道」〉，其中談到他對當時中國總統袁世凱和美國總統威爾遜的看法。日記是從「王壬丘死矣」開始的，王壬秋即王闓運，湖南人，中國近代史上享有盛名的經學大師。一生著述甚多，他的書信曾輯為《湘綺樓箋啟》。還是在國內時胡適就讀過它，當時給他印象很深的是這樣一句話：「彼入京師而不能滅我，更何有瓜分之可言？即令瓜分，去無道而就有道，有何不可？……」這是王闓運給其婦子的家書，頗憤激。胡適在日記中回憶：「其時讀之甚憤，以為此老不知愛國，乃作無恥語如此。」這裏我們並不知道王闓運書信的上下文，胡適也沒有交代。但根據句意，似在說八國聯軍之事。如是，把列強的瓜分，視為「去無道而就有道」，放在當時，直可謂驚世駭俗。年輕的胡適以樸素的愛國感情，視其為「無恥」當不奇怪。

然而，赴美數載，「吾之思想亦已變更」。此刻的胡適，對那種帶有民族主義色彩的國家主義基本上持批判態度。他認為這種國家主義的唯一根據就是「一民族之自治，終可勝於他民族之治之」。而晚清的排滿所以成功，也正在於兩百多年的歷史證明滿人不能統治漢族。至於去掉滿人統治，代之以袁世凱，「未為彼善於此」，所以，袁世凱排滿後，二次革命三次革命，也就不斷起來。

說到這裏，胡適一下子把話拉到自己身邊。剛才是在滿清和袁世凱中選擇，這已成為歷史。現在呢，「若以袁世凱與威爾遜令人擇之」，胡適的回答是「則人必擇威爾遜。」這裏的「人」其實就是胡適自己。在胡適看來「其以威爾遜為異族而擇袁世凱者，必中民族主義之毒之愚人也。此即『去無道而就有道』之意」。說完這段話，胡適表示「吾嘗冤枉王壬秋。今此老已死，故記此則以自贖」。可以看到的是，胡適走出了原來讀王闓運時的胡適，他完成了一個「狹隘愛國者」到「世界公民」的轉變。

胡適當然是愛國的，只不過他的愛國顯得很理性，他一貫反對那種非理性的愛國情緒。中日「二十一條」紛爭之時，人在美國讀書的他，天天買報閱讀，據他某日日記：「東方消息不佳。昨夜偶一籌思，幾不能睡。夢中亦彷彿在看報找東方消息也」。這個細節足以表徵胡適的愛國之情。然而，夢中醒來，他依然清醒地表示：「我自命為『世界公民』，不持狹義的國家主義，尤不屑為感情的『愛國者』……。」此處「狹義的國家主義」即狹義的民族主義。胡適反對民族主義，故他和袁世凱同族，後者卻不是他的選擇對象。胡適是世界公民，故威爾遜與他族異，他卻不排斥威爾遜。當年，王闓運的說法使胡適視為無恥，可是，胡適的選擇，即使在今天，恐怕也很難不被某些人看成是賣國。

「去無道而就有道」是一句古話，胡適把它坐實在棄袁擇威上。不是說威爾遜比袁世凱好，也不是說袁世凱比威爾遜壞。在這裏，他們不是他們個人，而是一種符號，一種代表各自制度的符號。在符號的意義上，袁世凱代表的是皇權專制，威爾遜代表的是民主政治。胡適特意引威爾遜連任總統時所作的講演：「政府之權力生於被治者之承認」，顯然，這就是民主。因此，無道和有道，乃以制度論。威爾遜的話，胡適宣之為「共和政治」，並認為這種政治「亦可為民族主義之前提」。

由此可見，胡適在愛國的選擇上，不是基於「民族」而是基於「制度」，或曰，在「民主」與「民族」的排序中，民主優先，民主比民族更重要。這裏，胡適已經涉及兩種愛國主義，一為「民族的愛國主義」，一為「民主的愛國主義」。出於「世界公民」的價值觀，胡適已然突破原始氏族以來以血緣定取捨的種族閾限，把「民族的愛國」昇華到「民主的愛國」。

概而言，民族的愛國，是血的愛國；民主的愛國，是制度愛國。胡適的選擇，對我們今天的愛國當有一定的啟示。

從「南京大屠殺」看民族主義之危

12月13日是南京人的祭日，七十年前的這一天侵華日軍在南京發動了慘絕人寰的大屠殺。多年來，每逢這個日子，南京的上空總要拉響淒厲的警報。這是警示，讓我們不要忘了那一天的災難。但，僅僅記住災難是不夠的，災難的雙方亦即歷史的雙方，更要記住造成災難的原因，這比災難更重要。

中日戰爭對中方說來是侵略戰爭，以往我們把這場戰爭的原因歸結為軍國主義。其實，這並非問題的終結。軍國主義即國家軍事化，那麼，為什麼軍事會成為這個國家最重要的政治甚至是唯一的政治呢？軍國，軍國，問題的癥結不在「軍」而在「國」。就日本這個單一民族而言，國家即民族，民族即國家。因此，軍國也好，戰爭也罷，背後的根子一直可以通到包括我們自己也素以為褒的「民族主義」。如果說這個世界上的每一個人都出生於一定的民族，因此他或她對自己的民族產生血緣般的情感是自然的；那麼，民族主義不然，它是被利益製造出來的。「主義」具有排他性，民族主義很容易把自己的民族及其利益擺在一個中心至上的位置，從而產生敵視他民族的心理效應（非我族類，其心必異）。日本侵華戰爭顯然出於大和民族領土擴張的利益驅動，因此，一個過度張揚民族主義的國家，比較容易產生戰爭法西斯。

中國人認為的侵華戰爭，在日本人眼裏肯定不是侵略，而是大和民族的大東亞共榮。軍事僅僅是手段，這樣就免不了殺人。南京屠城時有過兩個日本下級軍官的殺人比賽，後來在南京處死時，這兩個人未知反悔，卻高呼口號。我們眼中的殺人狂，在日本人那裏儼然是「烈士」。看其行刑時的照片，也不過極為普通的日本人。可是普通人為什麼卻成了殺人不眨眼的劊子手，這就要看看那個國家給他們提供的國民教育是什麼了。在我看來，那種教育顯然是民族主義和軍國主義互為表裏的愛國主義教育。

於是，我們看到，一名「神風特攻隊」隊員，登機作戰前給女兒留下這樣一份遺書：「『素子』這個名字是爸爸給你取的，爸爸希望你成為一個素樸善良、富有同情心的人」，「等你長大了，想念爸爸的時候，就到靖國神社來吧。你在心裏默念爸爸，爸爸就會出現在你的心頭」。遺書寫完，人即戰死，遺照也進了靖國神社。《東史郎日記》中那位東史郎當年出征中國，他母親什麼都沒送，只送了把刻有文字的匕首，說「這是一次千金難買的出征，你就高高興興地去吧。如果不幸被中國兵抓住的話，你就剖腹自殺。因為我有三個兒子，死你一個沒關係。」也許我們驚訝，世上居然有這樣的母親，如此深明大義。當然她所深明的顯然是她那個民族國家的大義。且不說，在國家民族面前無個人，這種教育本來就很成問題，同時她事實上也很難想到他兒子所參與的戰爭，對另一個民族國家的無數母親意味著什麼。是的，民族主義是自私的，它眼中沒有其他民族，只有它自己。在那種狂熱偏狹的國民愛國主義教育中，東史郎聽了他母親的話，「覺得母親特別偉大」，他在心裏發誓：「要欣然赴死」。不難想見，這些連死都不懼的人，在中國土地上，將是多麼不憚於他們的戰爭作為。

就日本言，從國民教育的角度反思這場戰爭，應該看到，一個國家不僅要提供民族國家的教育，更應當推廣普世價值的內容。愛國家，同時愛人類。博愛、人性、人道、珍惜生命等都是具有普世性的基本價值。胡適當年留美，在超越國族的意義上聲稱「我是世界公民」，今天更應成為一種普世追求。以普世眼光看，當年為國征殺的日本兵犯下的屠殺罪，是一樁「反人類罪」。這種罪行不僅在於它殺害了某個城市某個民族的人，更在於它的殘害是針對人類本身和人類全體。因此，我不僅是作為一個南京人憎惡南京大屠殺，同時更是作為人並且為了人而對它聲討。這是出於人與人相通的「物傷其類」的感情。然而，遺憾的是，從國族角度，反人類的罪行卻可以轉化為民族國家的英雄業績，故幾十年來靖國神社總是要祭奠那些戰爭亡靈。這裏殊不難看出國族和普世這兩種價值間的內在緊張。相對而言，國族教育如果是必要的，普世教育卻顯得更重要。前者並不難，畢竟有血緣支撐，後者卻需要超於血緣之上的價值理性。

問題是這種超越何其艱難；更成問題的是，這種艱難僅只針對一個大和民族嗎？

搬起石頭砸頭-2008年

給我們一個公民社會

我素認同龍應台教授的文字，但這一篇除外。讀過〈給我們一個政治家〉，我條件反射地冒出了「給我們一個公民社會」。不妨用此作題，以與龍應台教授商榷。

我並非不明白龍應台教授該文的語境，這就是臺灣總統大選。文章因此而發，它表達的是一個思考型知識份子對下一任總統的希望。這個希望詞懇意切，我完全認同；但我不能認同的是，由這些希望所構成的訴求對象居然是總統。我認為，龍文呼籲的這一切，與其兌現在作為一個政治家的總統身上，不如讓它在權力之外的公民社會中獲得落實。簡之，龍文的主張訴諸權力不如訴諸權利。這是一道加減法，權力多了，權利就少了。把權利能做的交給權力，權力就會名正言順地開始它對社會的全能控制。

龍文說：臺灣需要什麼樣的「總統」？一個清晰的衡量標準應該是，誰可以給我們六歲的孩子最好的環境長大，誰就是最好的「總統」。對此，我的懷疑是：孩子成長的社會環境如果要靠總統來提供，社會的自組織功能在哪裏？再，如果社會環境的好壞繫於總統一身，這個總統的權力會不會大得無邊？果然，龍文說：「6歲的孩子正要脫離父母的懷抱，進入小學，開始他社會化的過程。透過政府的運作，正要開始塑造他的人格、培養他的眼光、訓練他的智慧、決定他的未來。」我的反問是：難道孩子的人格、眼光、智慧和未來居然可以綁在「政府的運作」上嗎？「社會化的過程」靠社會本身遠甚於靠政府。本來就是社會自身的事務，莫非需要權力來全方位地指導？龍文繼續：「我們把孩子交給學校，也同時把他交給了所有的機構——『教育部』決定了他將如何學習、學習什麼，『文化部』將影響他的品味，……，媒體政策會影響他的判斷力和見解……」按照這樣的例舉，孩子的成長幾乎全託付給政府了；而且政府之外，好像並沒有一個健全的社會，並且政府就是社會。

在一個憲政框架下，政府是小的，社會是大的。政府的小，小就小在它只負責具體的行政事務，此即「最好的政府就是最好的行政」。「政」，事務而已。行政之外，特別是和孩子成長有關的「教」（它往往與價值有關），不唯不是政府的事，而且還要刻意和政府撇開，否則，有可能導致一個社會的「政教合一」。因此，正像「政」是政府的事，「教」是且只能是社會的事。在有關教育或價值的問題上，政府必須中立。唯如此，才能保證一個社會的價值多元。孩子的成長，與其讓他成長於政府和政府各機構的權力包辦，不如讓他成長於各種價值並存的多元社會。據此，我就不認同教育部有決定孩子「如何學習、學習什麼」的權力，它的權力應當限制在有關教育或辦學的行政問題上。否則，教育部就有權力讓學生從小就學習「仇恨入心要發芽」的革命樣板戲。同樣，我也不認同文化部有影響包括孩子在內的文化品味的權力。文化品味和文化部無關，一旦和文化部有關，那麼，品味就由權力決定。權力決定品味，上海的女白領們只有打飛的到香港才能看足本的《色戒》。至於「媒體政策」更是多餘。民治政府無媒體，怎麼會有媒體政策。媒體有事，自然有法律。政策何為，除非是用它來控制或對付媒體；然而，這是違反憲法所保障的言論自由的。

另外，在對孩子的教育上，龍教授主張一種「核心價值」。這價值的內容所指，比如「人權」等，我完全贊同。但我不贊同它的「核心」稱謂。核心是一個天然傾向於「權力」的詞，事實正是如此，以什麼為核心，往往就是以什麼為權力。因此，人權之類的價值，更準確的稱謂不妨是「普世價值」。普世無核心，它涉及這個世界上的每一個人，且無分種族、階級、性別、年齡與宗教。在對比的意義上，權力才強調「核心」，「普世」則推廣權利。這裏，語詞的差別，其實是語境感的差別。很抱歉，我在我的語境中只能強調「普世」，不會強調「核心」。

龍應台女士是一個自由主義者，但這篇文字卻並不那麼自由主義。儘管有個大選的語境，但對權力的讓與也未免太多。古人曰「禮失而求諸野」。「禮」是廟堂，「野」則民間。放在今天，很多事不是「禮失」才求諸「野」；而是行政以外，本來就是「野」的事：這個「野」就是我們要努力建構的公民社會。在制度環境已經確定的情況下，要求權力做得越多，我們付出的權利也就越多。為什麼不把更多的事留給以權利為主體的公民社會呢？謹以此請教龍應台教授。

用憲政激活憲法

一群學院派法學家關起門來對過去一年的法律事件盤點，結果票選出「〇七年度中國十大憲法事例」。它們大致是重慶最牛的釘子戶事件、山西黑磚窯事件、廈門PX專案事件、六十九名專家學者簽名建議廢除勞動教養制度事件、蕭志軍事件等。《中國青年報》將其稱為「影響中國憲政進程的重大事件」；因為它們「涉及憲政發展中國家機關的建設、違憲審查、憲法中公民基本權利的保護等問題，具有典型的意義，反映出憲法作為基本法在法治建設中的作用越來越明顯。」

我是法學圈外人，雖然因為法學知識上的不足對某些事件的憲政性缺乏較充分的認知（比如拒絕病危簽字的蕭志軍事件），我甚至認為一些更具憲政意義的事件而被忽略（比如狀告黨校的黃志佳事件）；但卻十分認同這些法學家開始的這項工作。在一個國家的公共生活中，我看不出還有什麼工作比落實憲法和推行憲政更重要；而它的重要性對那些由「人治國」、「黨治國」向「法治國」轉型的國度尤其如此。

憲政和憲法是現代政治學和現代法學辭彙，現代以前的中世紀是無需憲政和憲法的。所謂「朕即法」，這樣的政治主要是王權政治或皇權政治，這種政治的性質是權力本位而非權利本位。現代不然，對於這個世界來說，現代所以現代，乃在於它是一個權利甦醒的時代。這種甦醒意識集中體現在1787年形成的、號稱世界第一部成文憲法的「美國憲法」中。該憲法的普適性在於它契合了現代社會中「人的權利不得侵犯」的普世原則。由於對人權的最大侵犯來自國家，美憲的用力處便是以權分的方式限制國家政治權力。美國人自己把這種立憲工作稱為「為美好的社會設計政治制度」。可以這樣解釋構成這項制度的憲法和憲政的關係：憲法是對政治權力的規範，憲政則是政治權力在憲法框架內的運作。

如果說像美國這樣的政治現代化的國家，憲法和憲政不僅價值上配套，而且制度上也配套；那麼，不難發現，在一個前現代國家的現代化轉型中，憲法和憲政卻可以勞燕分飛，並且經常是有憲法而無憲政。如果不想冒天下之大不韙，權力是不會否定憲法的，否則它自身便沒有了合法性且自拒於現代。但，問題在於，權力依其本性，在政治或行政乃至立法的實際運作中，完全可以按照自己的意志行事而不顧憲法。更嚴重的是，當權力意志和憲法意志發生衝突時，憲法卻拿它無可奈何。比如上述六十九名學者提案反對的勞教制度，它在一個人並未犯法或未經法院審理的情形下就可以剝奪那個人的人身自由而且不受時間限制。這條由行政權力主導的行政法規，在中國大地厲行五十年之久；可是，「中華人民共和國公民的人身自由不受侵犯」的憲法（第三十七條）卻在那兒睡了五十年的覺。

不妨把這種權力違憲而憲法沉默的現象稱之為「憲法不作為」。不作為是因為它無以作為，在非憲政的制度下，權比法大，甚至大於憲法。憲法是死的，而權力是活的，它足以讓憲法僅僅成為掛在牆上以供觀瞻的條文。如果要讓這些條文活起來，就必須在憲政上努力，讓憲政啟動憲法。然而，不是有了憲法就必然有憲政，而是憲政的實現卻需要來自民間的努力，甚至抗爭。憲政本指憲法框架內的政治運作，但權力卻有違憲的本能。當權力違憲亦即違權時，民間就需要動用自己的權利進行抗爭。這種抗爭是以憲法為根據的合法性抗爭。作為一種政治行為，它即使是出於自己的權利，同時也是在捍衛保障公民權利的憲法。因此，維權即維憲，這種維憲的抗爭注定帶有讓憲法活起來的憲政性。典型的例子便是2007年的廈門PX事件。這是一次成功的權利和權力的博弈。廈門市民以上街散步的和平方式顯示了自己不可侵犯的權利意志，它最終讓權力收回了自己最初做出的有損廈門市民權利的決定。

中國憲政進程，就是要讓憲法從牆上走下來，活在國家的政治生活中。這個目標到底有多遠，端賴一個民族在權利意識上的覺醒和它所付出的努力。憲政的阻力在權力，因為沒有權力希望受到限制。這就需要來自權力以外的民間力量的推動，但這種推動不是否定權力而是試圖規範權力。當權力接受憲法規範之日，也就是憲政格局告成之時。

思想解放的指向應當是思想自由

近日《南方日報》因為在頭版發了張前高法院長蕭揚「仰天長笑」的照片，被廣東省委書記汪洋先生讚為是「思想解放」的表現。「敢發」一張照片便是思想解放，這讚揚本身就耐人尋味。本來，報紙發什麼或不發什麼，是它自身的權利，不需要什麼「敢」與「不敢」。只有在一種情況下，「敢」才需要成為一種考量甚至是膽量，即權力在控制著權利。如果事實果真如此，那麼，思想解放的一個前提條件便是在媒體的權利面前，權力退出。可以預見的是，權力退一分，媒體或輿論的思想解放便長一寸。由此，我們不難得出一個經驗形態的結論，阻礙思想解放的癥結，不是別的，就是權力，控制思想及言論的權力。

「思想解放」這個詞最初湧現於1980年代，它比今天叫得更響。今天這個聲音更多地還是偏於廣東一隅，而當初思想解放的聲音則覆蓋整個國家。於是這裏就產生一個有趣的問題：為什麼幾乎整個八十年代都是在解放思想的聲音中度過，今天卻又重新提出這個問題呢？按理，這個詞早已應該完成它的話語使命了。可是，事實偏偏是，這個問題不但沒完成，而且今天的思想解放還被稱為「第二次思想解放」。難道歷史繞了一圈，卻發現還是在原來的拐點上？歷史不應該和我們開這樣的玩笑吧，這實在是人類生命中的一種不能承受之重。

剖其因，思想解放乃是一種「權力話語」。八十年代初，意在改革的政治體制，面對幾十年來形成的左傾積弊，需要舉起「思想解放」的旗幟，用以打破由左帶來的各種束縛。當時最典型的話語表述是「實踐是檢驗真理的唯一標準」，於是各種改革便在實踐的旗號下得以推行。應該肯定那個時代，就像應該肯定思想解放的話語；它在體制推行思想解放的同時，也給民間的思想自由帶來了一定的空間。然而，也正因為「思想解放」屬於權力話語，它是為了突破體制自身的思想禁錮而提出；所以，它在有它積極效應的同時，也有它難以避免的局限。權力的本性要求統一，當它一旦突破束縛自己的力量，並完成自己預定的任務，它便本能地把自己的思想當作新的統一，而不允許其他思想或話語突破自己的樊籬。因為，在權力看來，統一思想，才能統一行動。

這就是問題的癥結。所以需要「第二次思想解放」，不是當年思想解放的任務尚未從根本上完成，就是當時形成的權力話語對今天來說，又變成了一種無形或有形的障礙。針對這兩種情形，尤其是第一種情形，廣東的「第二次思想解放」是必要的。但，這裏我也要反轉指出，「第二次」話語本身，依然是一種權力話語。並且我斷言，只要思想解放是權力話語，就會有第三次思想解放、第四次思想解放……，以至循環。道理很顯然，解放是因為有束縛，什麼才能對思想構成束縛呢？權力，唯權力而已。

因此，在肯定思想解放的必要的同時，我願意進一步表述：思想解放的指向應當是思想自由。和「思想解放」不同，前者如果是「權力話語」，它則是「權利話語」。思想本身就是人的一種權利，它不應該受任何力量包括權力的強制。比如，一個社會，你有你的思想，我有我的思想，他有他的思想，這才是常態，自由的常態。非常態或反常態則是，一個社會只有一種思想，統治的思想。除此之外，任何思想都不能與之相左。思想至此，這個思想便不是權利是權力了，而且是剝奪他人（思想）權利的權力。西方自由主義哲學家將其稱為「思想的國有化」。不難看出，只有在這種社會狀態中，只有在思想國有即權力壟斷思想的狀態中，解放思想才有它的必要。相反，在思想自由或思想個有的社會中，思想與權力無關，因而無需解放。由此來看，「思想解放」一詞很有意思，它額外地具有了一種考察該社會思想狀態的意義。

權力說思想要解放，權利說思想要自由。不妨讓兩者有一個良好的互動，並爭取讓思想從解放走向自由。很顯然，思想自由，即沒有束縛的思想（尤其是權力的束縛），才是真正的解放。

與普世價值為敵，就是與自己為敵

《環球日報》1月25號發表署名文章〈敢與西方展開政治觀念競爭〉。文章認為：在核武器時代，不再是軍事技術和軍事實力的競爭，而是思想戰線上的競爭，即政治觀念體系的競爭。思想戰線上的競爭有兩大任務，第一，要解構所謂「普世」價值，把一個藥方應付百病的荒唐揭穿；第二，要實事求是地總結我們中華的生存方式，給出關於「中國道路」或者「中國模式」的讓知識界信服的闡述和理論解釋。

這個世界上當然有不同的政治觀念，比如美國的民主黨和共和黨的政治觀念就不同。不同的政治觀念當然可以展開競爭，比如共和黨和民主黨每隔幾年，總是以訴諸選票的方式，決出自己政治觀念上的勝負。這本來是人類政治生活的常情，可是該文卻由此引出要解構「普世價值」的任務，這就讓人不解。更讓人訝異的是，它所要解構的普世價值竟然是「自由民主」；而且自由民主所以需要解構，是因為它是「西方話語霸權」。

確實沒有任何一點新的東西。這樣的論調在1998年前後，我們聽得實在太多。客觀地說，經過知識界的努力，以特色反普世，並沒有行情漸長。倒是普世價值本身，在民間得到越來越多的認同。今天這樣的聲音再度斜出，在以自由民主為目標的政治改革尚未完全啟動以前，卻也並不奇怪。不妨視為一種權力或為權力的聲音吧，它的高調，倒更見自由民主於我們今天的社會是多麼必要。

這個世界有沒有普世價值，它到底是不是西方話語霸權，我們需要不需要自由民主。在有人試圖再度淆亂這些已經成為常識的問題時，對這些問題的再度言說也不妨成為一種必要。普世價值來自於人類的普世需要。人作為自然人，不分年齡、不分性別、不分種族、不分階級，在其生存的基本需要上，具有相同的普世性。比如人人都有言論表達的需要、自由信仰或自由不信仰的需要，免於匱乏的需要以及免於恐懼的需要（羅斯福）。能夠滿足這些需要的對象，它就構成了所謂的價值。如果這些需要是普世的，滿足這些需要的價值當然也是普世的。那麼，什麼才能滿足並保障人的這些需要呢？制度，自由民主的制度。

自由民主作為一種政治制度，它的普世性，是專制無法比擬的。為了解構其普世，該文把制度區分上的「民主」與「專制」稱之為「政治蒙昧主義」。甚至這樣表白：「什麼是當今世界主流信奉的『自由民主』？你有再多的言論自由也不算數，除非反共的言論佔據主流地位才是真正的『自由』。」這樣的表述十分惡劣，尤其是在當下的權力背景中。言論自由的精義不在於言論多少而在於言論無禁區。能否在言論上批評和反對執政權力，本是言論自由的第一考量。顯然，專制制度的權力是不容反對的；而民主制度，由於權力本身來自選民，它當然可以反對和批評。前一種制度所以不普世，是因為人們沒有批評它的權利。後一種制度的普世性，就在於它從制度建構上保證了民眾批評和反對政府權力的自由。這一點如果比較兩種不同制度下的媒體狀況，即可明白。至於該文視民主與專制的區分為政治蒙昧主義，在我看，以這種方式來否定民主，同時為民主制度的反面辯護，倒是一種蒙昧主義政治。

作為政治制度的自由民主固然來自西方，但它依然可以具有普世性，就像來自東方的某些價值（比如古典儒家的「己所不欲勿施於人」）也可以具有普世性一樣。東海西海，心同理同。普世向不以地域論，它總是形成或來自某種地域。自由民主來自西方，這是西方對人類文明的貢獻。它不是什麼話語霸權，而是人權在話語上的體現。我們今天要做的，不是與這種來自西方的普世價值為敵。我們應該考慮的是，處於東方的我們，如何為普世價值作出屬於我們自己的貢獻。要說競爭，也應該是這個層面上的競爭。該文的危險在於，它的競爭卻是要解構自由民主這樣的普世價值，並在普世價值之外尋找什麼「中國道路」和「中國模式」。前者還稱之為「破」，後者又稱之為「立」。如果按照它的破立邏輯，自由民主的價值給破掉之後，所立的制度在性質上是什麼又還能是什麼呢？由皇權而威權而極權，走過來的歷史又何曾走遠……

在普世價值業已成為普世共識的今天，與普世價值為敵，就是與自己為敵。

拒絕普世價值，如同自拒人類

在新一輪對普世價值的聲討中，一種很奇怪的觀點是把普世價值看成是西方文化的產物，進而否定其本身。比如面對地震以後的表述「國家正以這樣切實的行動，向全世界兌現自己對於普世價值的承諾」，有人反詰「吾國不知道什麼時候欠人家一筆道德債」（司馬南），無形中把普世價值當作西方的道德資產。還有人聲稱「是否存在普世價值，這本身就是有爭議的問題」（甄言）。然而，這樣的爭議幾乎沒什麼意義。這些年來，在觀念領域，普世價值乃是一個解決了的問題。反對方這次只是乘勢而起，其言論了無新意。

我們可以從來不欠人家的道德債，但是否歉自己的，就未必不是一個問題。幾十年來的極左統治，對人的權利包括生命權利的長期漠視；如果這是我們曾經的歷史，那麼，這次輿論對國家行為的肯定，正是肯定我們在糾正自己以往的價值偏差。把人的生命放在一切價值的首位，這是放在世界上任何一個角落都不得違背的道德金律——普世價值的意義正在於此。今天我們努力做到這一點，為什麼不可以說是對普世價值的承諾。

這樣的表達十分可笑：「鬧了半天，十幾萬官兵的浴血奮戰，全國人民的大力支持……，居然不是中華民族古已有之的『一方有難八方支援」……』事實上，從來沒有人否定這一點；如果否定，恰恰是論者自己。當他肯定「一方有難八方支援」是本族傳統而不是普世價值時，他恰恰否定了這種傳統同時也是西方的，因而也是全人類的。姑不論這場地震發生在西方，是不是以「權利本位」的西方人就註定那麼自私冷漠；而且汶川地震後，西方救援隊積極申請跨國援助，這不正是「一方有難八方支援」的普世體現。十九世紀俄國克魯泡特金的《互助論》談論的正是自遠古以來人類之間的互助性，廣而言之，各民族、各文化都有漫長的「八方支援」的價值內涵，儘管表述可以不同。因此，我們這次在抗震救災中的表現，不獨是民族精神的體現，同樣也體現了人類的普世價值。如果把這種精神內容獨鎖於自己的傳統，並以此拒絕普世價值；不僅像夜郎一般可笑，更是自絕於人類普世文明之外。

普世價值來自東西，但無分東西。人類劃分為不同的民族和文化，各民族文化都為普世價值做出過自己的貢獻。反過來說，普世價值不是空洞的，它是從各種不同的文化傳統中抽象出來的。我們的傳統文明當然也為普世價值做出過貢獻，比如大家一致認可的「己所不欲，勿施於人」。普世價值的否定者看起來是在弘揚自己的傳統，殊不知，昏頭昏腦的它，其實是在否定傳統文化對普世文明已經作出的貢獻。

西方，尤其是西方現代文化，當然也對普世價值做出過傑出的貢獻。所謂現代，相對於漫長的中世紀而言，如果它是一個「權力的時代」，現代則是「權利的時代」。尊重人的各種權利，包括生命權利、言論權利、信仰權利以及在此基礎上的各種公民權利等，大都是從西方現代文化中率先生發。我們不能因為它來自西方，就否定它的普世性。比如，國際紅十字會作為一個全球組織，那紅十字所表徵的「人道」、「公正」、「志願服務」等難道不具普世性？我們是否因為它形成於西方，就必須加以拒絕？

拒絕普世價值，如同自拒人類。人作為一個類，註定了他們之間的類同性。符合這些類同性的人類價值，便呈現出它的普世性。因此，普世價值承認與否，都是一種客觀存在。即以上述言論權利論，除非那些否定者認為人長了一張嘴只是用來吃飯，否則人的言論自由，作為普世價值之一，便是地不分東西、人無論南北的。可惜，普世價值作為一種常識理念，卻常遭某些人的反對。如果可以誅心，真想喝問他們意欲何為！

不應忽視國民與公民的差異

奧運結束後，《北京日報》發表有〈我們正大步走向公民社會時代〉的對話，參加對話的有四位學者。他們談論的一個重要的話題是公民意識。讀過文章，發現其中有學者對公民意識的談論存在一些問題。

這是其中一位對話者的表述：「公民意識不是一個抽象概念，而是由一連串實際行動串聯起來的。表現在北京奧運會上的公民意識，概括地說包括主人翁意識、責任意識、國家榮譽意識、自由表達意識、尊重差異學會包容意識、無所不在的綠色環境意識，等等。」

什麼是公民，應該說這是一個政治學的概念。公民不僅是一個自然人，而且擁有國家法律賦予或保障的各種政治權利。沒有這些權利，你可以是一個國民，但不是公民。一個剛出生的嬰兒，他不到十八歲因而還沒有獲得相應的政治權利，他就不是公民。另外，一個罪犯，他在服刑期間被剝奪了各項政治權利，這時他就不是公民，但他仍然是國民。在上述學者的對話中，可以看到，公民和國民這個兩個概念交替出現。看來，其中有學者認為這兩者可以是等同的。這就忽視了它們之間的差異。

以上引用的段落，儘管例舉了一系列的公民意識，卻缺乏了其中最重要的一種，即權利意識，尤其是政治權利意識。沒有這樣一種意識，我們可以不談公民只談國民，那些被排列在前三項的意識，恰恰就是國民意識。從1949年之後，我們接受的就是這種語言和意識，而不必等到今天的奧運。就奧運本身而言，它是一次舉國體制的國民奧運。參與者，包括志願者，甚至觀眾，是以他的國民身份而非公民身份，因為這裏不需要顯示他的政治權利。

那麼，公民的政治權利到底是一些什麼樣的權利呢？為了方便，這裏不妨取用當年孫中山的說法，他把公民政治權利具體化為選舉權、被選舉權、創制權、否決權和彈劾權。可以看到這些權利俱圍繞國家政治生活而展開。當然，這些權利只有在民主體制下才能得到兌現，民主體制才會有這個對話題目中的「公民社會」，前民主社會只能說是努力走向公民社會。公民社會本身的含義，就是指和政府政治權力相對應的民間的政治權利及其運用。根據西方民主國家和東歐民主轉型國家的經驗，兩者之間還存在著內在的緊張。

由於這位對話者並不清晰公民意識，因此他舉了一個無以說明公民意識的例子：「這次奧運會再一次搭建了顯示公民意識覺醒的平臺⋯⋯，獲得女子柔道五十七公斤級銅牌的許岩賽後說：『感謝納稅人對北京體育事業的支持。』這或許是年輕一代公民意識覺醒的有力證據。」此據差矣，一聲感謝與公民意識何關？對該運動員來說，這是一種謙虛意識，儘管她說的是實話。

如果讓我就這個例子來談公民意識，那麼我要質疑的是，為什麼我們要用全國納稅人的錢，以舉國體制的方式辦奧運。奧運是純粹的競技體育，我們更需要的是全民體育。納稅人的錢應該廣泛用在便於全民體育的公共設施上，而不是如此集中地用來打造金牌。應該說，奧運奪金之時，很多媒體評論對幾十年一貫制的舉國體制的究詰，才是真正的公民意識。

簡言之，對話者聲稱的「責任意識」，如果改為權利對權力的問責意識，方吻合公民意識的本意。

一個人沒有民主作風不要緊

來自廣東中山大學學生會主席的直選報導一直沒關心，但這次讀了《南方週末》上的長篇通訊〈學生會主席直選全記錄〉。說實話，一會兒拜票，一會兒策反，校園裏彌漫著選戰的硝煙，我感覺到江湖味很濃。讀完報導，甚覺有意思的是這一節對話：兩名校報記者採訪後來當選的那位學生：「請問你是怎麼看待這件事對中國的民主意義的？你認為這會不會促進中國的民主進步？」對方回答：「我覺得還是就事論事吧。民主不能一朝一夕就實現，就這件事情來講，我會努力把民主作風帶到學生會來，促進校園民主……」

問答都很不錯。媒體關注這次選舉，意義指向乃在校園之外。答者不高抬遠引，而是就事論事，亦不失為一種得體。不過在談民主時，該生表示要把民主作風帶到學生會來，卻讓我忍俊不禁。一個二十歲剛出頭的年輕人，在援用民主的時候，脫口而出的卻是前一個時代的語言「民主作風」，這無法不讓我想起那尚未過去的漫長的時代。

從上個世紀初的《新青年》開始，「民主」一詞便在神州古陸風靡一時。但那個時代的許多人，包括那些重要的啟蒙者，對民主的理解，卻有著重大的偏差。且不說這個詞的《新青年》翻譯本身就有問題，即如魯迅，他把民主視為多數人統治少數人的「眾治」，這看法和民主本身就十三不靠。但《新青年》激勵了一代青年，他們的革命終於換來了一個「民主作風」的時代。

這便是我成長的時代。那時耳熟能詳的不是民主而是民主作風，或者，民主作風就等於民主。舉凡報紙廣播，無不在作風的意義上使用民主。比如一個領導親民，經常和大家打成一片，哪怕是打牌、玩笑，都會被看作有民主作風；如果他經常聽取群眾意見，更會被視為作風民主。某某人身上有民主作風，庶幾是那個時代對幹部的最好的評價。因此，長期以來，人們對民主的認同，不知不覺就鎖定在領導的工作作風上，於是也不知不覺地忽略了民主之為民主的源頭所在。

這顯然是民主的誤區。該生沿用「民主作風」一詞，不過表徵了那個時代在今天的某種延續。如果說，民主作風其實無關民主，甚至是對民主的顛倒；那麼這就需要為民主一詞正本。在「自治」的意義上，我要說，一個人沒有民主作風不要緊，要緊的是一個國家不能沒有民主制度。因為民主不是作風問題，而是制度問題。從制度上看，權力必須by the people，亦即對權力言，果如談民主，不是執權後，而是執權前。比如，一個新幹部上任，司空見慣地是，他首先要感謝組織對他的信任。不管此人以後工作作風有多民主，但，這個民主本質上和民主無關。民主的關鍵，表現在權力的來源上。如果來源民主，工作作風是否民主，則不是一個多大問題。我甚至認為，工作作風不民主，亦未嘗不可。當年英國首相柴契爾夫人，作風潑辣、手腕凌厲，被人稱為「鐵娘子」，其行政風格很可能不民主；但這亦不失為行政風格之一種。畢竟在履行職權的事務層面上是首長負責制，它強調效率優先，不是民主優先。民主這時退居為程序意義上的對首長的彈劾和罷免。

不過，中大學生會的主席直選，畢竟是好事。那位學生希望「促進校園民主」，用心良好。但，校園民主即校園自治，它不止於學生這一個層面，比如當年清華大學的「教授治校」，才是校園民主的重頭和根本。如果這一段路還需要走，那麼就從學生這裏開始吧。

民治政府，還是政府治民

一、國家新聞出版總署決定用三個月時間在全國範圍內對音像製品的「低俗之風」進行一次集中整治。二、國家廣電總局官員在央視的節目中表示，國家對淫穢色情內容界定有明確標準（照此標準，《蘋果》被禁映並通報批評）。三、由此引發《南方都市報》的社論〈政府反低俗，首先要承認大眾標準〉。很抱歉，上述一二三，我概難認同，因此下面的文字不妨借用胡適先生的一句話：「心所謂危，不敢不言」。

無論國家新聞出版總署，還是國家廣電總局，都是國務院下屬的行政機構，國務院作為中央人民政府本質上也是行政的。借用當年羅隆基和國民政府「人權論戰」時引用過的一句西方政治名言：「最好的政府就是最好的行政」。政府所行使的「政」僅是一些程序意義上的事務性工作，至於超出具體事務，以至和觀念、意識形態乃至個人癖好有關的文化內容、文化價值等，不在政府的權力範圍之內。以文化為例，各級政府的文化行政部門可以過問文化事務上的管理，但它卻無權過問文化本身和文化表現。在這個意義上，我不僅反對上述新聞和廣電當局所作出的超越許可權的行政舉措；我同樣不贊成南都社論所擬出的標題「政府反低俗」。在我看來，低俗是一種文化形態的呈現，政府並沒有反對它的權力。具而言，無論一本書還是一部電影，也無論它是高雅還是低俗，每個人都可以根據自己的標準或贊成或反對；但政府卻不能對之置喙。當政府不但置喙而且欲以它的標準作出權力裁決時，我要問的是，它的這份權力是從哪裏來的？或者反過來，誰，給了它裁決權？

現代政治文明國家，政府是民治政府。民治政府的意思用當年林肯葛底斯堡的表述，即「by the people」。這種政府，權力經由人民而獲得，人民透過割讓自己部分權利的方式給政府授權，讓政府代表自己對社會事務進行管理，因為不是每一個人都有餘暇過問自己身在其中的公共生活。在自治的意義上，人民不是鐵板一塊，它委託政府過問的只是公共生活的秩序，至於每個人的文化癖好和趣味，無論高雅還是低俗，都屬於不可強制的私人權利，是不會讓渡或委託給政府的。換種思路，政府是用納稅人的錢在維持，它的本分是替納稅人辦事。可是，會有這樣的納稅人，他們居然出錢雇請政府來規定自己在文化上喜歡什麼或討厭什麼？文化的高雅和低俗是社會上每個人的事，卻偏偏不是政府的事。且不說低俗本身就是一種權利，甚至，如果我低俗，只要我是納稅人，道理上，政府就沒有理由在用我的錢的同時，還來干涉我這哪怕是低俗的文化偏好。請問，我給你這個權力了嗎？

這裏，我不僅是我，是每一個和我一樣的公民。現代政治文明國家，政府來自公民授權。但公民對政府的授權，是透過憲法儀式完成的。憲法作為公民意志的產物，本質上是公民和政府訂立契約，這是權利和權力的契約。它的內在精神是保障權利，外在舉措則是規範權力。就後者言，讓我們打開憲法，哪一款哪一條規定我們的政府可以有權反低俗、可以禁書禁報禁電影。相反，為了保障公民權利，憲法第三十五條宣稱：「中華人民共和國公民有言論、出版、集會、結社、遊行、示威的自由。」這裏當頭的就是言論自由。文化上的任何表現都是言論自由，或者都屬言論自由的範疇。然而，憲法保障我們的文化權利，政府卻要用行政權力來干涉。這種干涉，有憲法依據嗎？當然，權力者可以搬出一些行政條例和暫行規定，但，它們如果可以頒行，也必須和憲法保持精神上的一致。如果行政權力只按條例行事，而條例又和憲法相違，那麼，這樣的條例連同這樣的權力俱屬違憲。在此，我不妨根據國家憲法，對上述總署和總局的行政作為包括相關條例，提請輿論上的違憲審查。

這個世界有兩種政府，一種是民治政府，一種是政府治民。前者是人民透過政府自己管理自己，很多事比如文化、道德等，是社會的事，不需要政府的行政權力介入。這種政府形式以英美為代表。後一種形式的政府，比如蘇俄，是對人民進行全方位的統治，包括統治他們的政治、經濟、文化、道德、思想，甚至趣味。這是兩種性質截然不同的政府。我們今天需要哪一種性質的政府呢？這不但是一個問題，更是一種選擇……。

政府不是「公民政府」，政府沒有「公民責任」

1月27日《新京報》社論的標題是〈建立公民社會必須建立公民政府〉。社論的內容圍繞科技部網站的「公眾問答」欄目而展開。當公眾提出了眾多相關和不相關的問題，甚至有的問題還是無聊和惡搞時，該網站的「有問必答」使網友感動。一位網友特意留言表示感謝，科技部這樣答覆：「謝謝你對我們工作的理解。問題雖然無聊，但也要做正面引導，這是公民的責任。」正是這句話引發了《新京報》的社論。同樣，也是這句話包括認同這句話的社論，引發了我下面的思考。

我不妨直接表明自己的觀點。以上科技部的答覆不是個人答覆，它是工作性質的政府答覆。就政府答覆而言，科技部聲稱自己的回貼是「公民的責任」，以致《新京報》以社論的方式表示支持，並進一步強調要確立「政府公民責任」。在我看來，這已經構成了一個認知上的誤區。它誤就誤在政府從來就不是公民，也不可能是公民；因而政府從來都沒有也不可能有所謂的「公民責任」。

什麼是公民，公民是指具有國籍並根據其憲法享有相應政治經濟社會文化等權利並承擔相應義務的自然人。根據這個表述，公民的主體是只能是作為個體的自然人，比如你、我、他、她。也就是說，公民的構成必須是個體而不是任何組織和機構。儘管個體的公民可以結社，可以自由組織成一個機構或團體，比如環保組織、勞工組織、女性組織等。但只要它掛上「公民」二字，一個限定條件，它就必須是民間的。在一個社會中，可以有不同性質的「公民團體」，卻不會有「公民政府」（因為它沒有民間性）。因此，性質屬於國家政府的任何部門和機構，比如這裏的科技部，它既不是公民，又與公民團體無關，也就談不上要盡什麼公民責任。

《新京報》認為：「政府部門的工作人員如此坦陳心跡，將盡心盡力於政府工作視為『公民的責任』，無疑是令人擊掌的進步，……每一位執掌權力的人都在公民社會之中」。這樣的表述亦可推敲。在我看來，「一位執掌權力的人」在平時狀態固然是一個公民，可是他在他執掌權力亦即他處於工作狀態時，嚴格地說，這時的他與其是公民，毋寧是公民的雇員。這正像任何一個民主國家的政府都是雇聘性質的，是公民以納稅方式供養起來的雇聘機構。同理，進入這個機構的人，也是雇聘性質的公務員。公務員拿的是來自公民納稅人繳納的薪水，他的工作或本份，就是處理各種相應的公共事務，直接或間接地為公民納稅人服務。因此，政府公務員或權力者「盡心盡力於政府工作」，是一種服務的責任、雇員的責任，不是也無法是「公民的責任」。

這裏為什麼要把公民和政府分清楚，因為這是兩個不同的主體，不能混淆。公民是「權利」的主體，正如政府是「權力」的主體。兩者之間，根據公正原則，彼此只能居其一而不能享其二。比如我是一個公民，我享有憲法保障的一系列的權利，包括參與各種公共事務的公權和信仰自由之類的私權，但我卻沒有任何權力（任何一個自然人的個人都沒有權力可言）。反之，政府作為一個行政機構，它既然擁有從公民那裏獲得的管理公共事務的權力，就不能同時享有那些作為普通公民享有的權利。政府的存在就是保護權利，這是公民所以納稅的緣由。當權力保護權利時，必要的條件，是它自己沒有任何權利訴求。否則權力的本能驅使它首先保護它自己，這勢必造成對其他權利的不公。舉一個例子，政府為什麼不能經商，因為政府是權力者。市場經商是公民個人的權利，是權利和權利的競爭。政府經商本質上是權力經商，競爭對象就變成了權力和權利。權利自然難敵權力，市場的好處也就盡入權力囊中。這就是我們現在還經常見到的權力和權利、政府和個人的那種不平等。

因此，我們只可以說政府是為公民的，卻不宜說政府是公民政府。政府不是公民，我們才是公民。公民的責任是你我他她的責任，不是政府和它的工作人員的責任。那麼，到底什麼是公民責任呢？比如我個人的時評寫作（包括這篇），基本立場就是從權利出發批評權力。在我看來，這，才是公民責任，儘管不是全部。

權力發言人何以不懂政權與事權

鐵路發言人請辭的理由不止一個，除了他所說的他應該知道的情況卻偏偏不知道。即此而言，他看來不知道鐵道部是否從長江以北調內燃機車赴廣東救災，因為他前後的說法自相矛盾。他看來還不知道內燃機車的時速是多少，因為網友替他算過，從新疆到廣州的六千公里，內燃機車如果需要七到十天，那是拖拉機的速度。然而，我覺得他請辭的理由還不在這裏，作為政府事權部門的發言人，他的發言背離了發言人的應該的角色。

嚴格地說，政府發言人制度乃是民主國家的一種制度安排。它的前提是政府沒有媒體。如果以美國為例，除當年「美國之音」外，美國所有的媒體都是民間的；而且就是「美國之音」，它的廣播內容也只准對外，不准對內（這是對政府「政教合一」的防範）。一旦政府有與己有關的新聞需要發佈，它又沒有自己報紙、廣播和電視；那麼，它只有透過它的發言人向外界公佈、向社會公佈，到場的當然是不受政府支配的各種媒體。這就是民主體制下政府發言人制度的緣由。對於那些媒體都掌控在政府的國家而言，並不需要什麼發言人，報紙廣播電視都是它的喉舌，比如鐵道部的喉舌就是《人民鐵道報》，鐵路新聞或者鐵道部意志直接透過它說出來就行了，發言人未必不是多此一舉。但即使如此，我也能夠認同近年來政府乃至政府各部門興起的發言人制度，這是向民主國家學習的舉措，我不妨樂觀地認為這是由喉舌向媒體的一種早晚要開始的轉型。

可是，從這次鐵路發言人的表現來看，他既不懂國家權力構成的政權與事權，也不懂發言人的角色與職份，因而在世人面前表現出不可一世的權力嘴臉，殊讓人反感。這次發言人風波不是王勇平vs郭錫齡，在性質上乃是廣州市政協質詢國家鐵道部。理論上，這二者都是國家權力構成。區別在於，政協屬於國家權力中的政治權力即「政權」（儘管掛上一個「協」），鐵道部乃是國家權力中的事務權力即「事權」。就權力之間的性質和關係而言，政權可以質詢事權，這是它的權力。對此，事權只能如實應答政權，這是它的義務。並且事權在應答時不能對質詢的對象進行反質詢，它沒有這項權力。政權和事權的關係歸根到底要從民主體制的制度安排來解釋。一個民主國家，政治權力掌握在人民手裏，它的初始形式是選票，它的實現形式是議會（或我國的人大）。議會既然代表全國公民行使政權，因此它就有權力對事權部門問責（我國情況特殊，政協類同人大，如果放在英國，它則類同上院。作為現政權的輔助，它不妨權宜性地參照人大，也可以質詢事權）。由於事權部門的權力不是直接來自選舉，而是由選舉出來的政權授予；那麼，它對政權的負責，就表現在它只能接受政權的質詢卻不能反質詢；這就像來自政治權利的政治權力只能接受公民質詢，它豈能反過來質詢公民。

這次鐵路發言人的出格表現，倒可以反觀我們國家權力制度的缺陷。也許不是這位發言人不懂牌理，而是這種牌理在權力那裏還沒有成為牌理。如果按牌理出牌，這位發言人對任何質詢只能解釋，卻不能走出解釋之外。比如，他不能作任何意義上的抗辯，他不能指責質詢者既違背事實又違背常識，他更不能這樣反問：當廣大鐵路幹部職工如何如何時，你郭副主席身在何方。作為發言人，他居然不知道，哪怕這位副主席剛下床，向鐵道部質詢也無妨。事權事權，鐵道部的權力只體現在它對鐵路事務的管轄上，卻無以體現在面對別人的質詢時。可是，恰恰相反，這次雪災，鐵道部在它所管轄的事務上，表現得差強人意。但它在它只能盡解釋義務的場合，卻把權力變成了一根打人的狼牙棒。這是典型的權力倒錯症，並非個別。尤其是這位發言人一開始先聲奪人，聲稱「有關『炮轟』鐵道部的報導，我在廣東某家報紙、某些網站尤其是在境外媒體上都看到過，影響不小。」境外、尤其、影響，這些並不聰明的語用修辭慣被用來構陷，其手法不是惡劣是低劣。

鑒於以上，我認為這位發言人不懂政權與事權，不懂發言人的職份，建議請辭。

民主：政權在民，治權在府

南京市公推公選局長級官員，已經成為矚目的新聞。中國新聞網報導：「南京市此次以電視『競選』的方式選拔四名局長人選，這在中國尚屬首次，成為任用官員民主、公開、競爭、擇優的有益嘗試。」《東方早報》的評論為此事叫好，用的標題是「直播競選局長讓民主政治更醒目」。網路上甚至有這樣的呼聲「南京一小步，民主一大步」。從報導到評論到網路，「民主」成為此一事件的亮點。然而，在我看來，把民主用在這裏反而是對民主的誤讀，同時也是對民眾的誤導。因為，局長之類的職位，選舉也好，非選也罷，其權力可以與民主無關。

民主作為票選的程序，選票來自民間，最後亦由民間決定。然而，據中新網報導，南京市公選局長第一步是「經過首輪民主推薦、市委常委會研究票決」，第二步是候選人電視答辯，「來自社會各界的二百四十多名人士參加演講答辯會」，「他們在會後當場填寫測評表，對各位人選排出名次。」第三步亦即最後一步是「測評排名前三位的人選，將提交南京市委常委會、全委會分別進行差額票決。」這樣一個程序與其說是民主，不如說是幾十年來我們一以貫之的「民主集中制」。候選人是由市委常委決定的，當選人最後也是由市委常委決定的。只是在當中哪個環節部分地涉及到民。然而，並非涉及到民便是民主，正如民主和民主集中制並非一回事。從程序角度，這次局長公選，可以是公開的，可以是競爭的，也可以是擇優的，但未必是民主的。民主就是民主，民主無須集中。

我不但認為這次南京市的公推公選並非民主，我更認為政府中局長之類的官吏推選並非需要民主。民主要用在刀口上，用在這裏庶幾用錯了地方。那麼，什麼是民主的刀口呢？這要從國家政治的兩種權力說起。自古而今，自中而外，任何一個國族，其政治權力都可以一分為二，即「政權」與「治權」。政權是國體的表徵，它表徵一個國家的政權性質。治權是一個國家分門別類治理各種行政事務的權力，又可稱「事權」。以中國古代社會（唐代）為例，李世民的皇權是政權，而唐代中央機關的六部（戶部、禮部、工部等）則是治權。兩權相較，政權優先；而且政權在上，治權在下。看一個國家是否民主，只能著眼於政權。政權是民主的刀口，只要政權民主，治權是否民主，並不重要。反之，治權民主，政權不民主，仍然不能說這個制度是民主制度。

所謂民主，政權在民，治權在府。中國民主政治，首先應當從政權開始。從中國歷史來看，治權並非缺乏「民主」，缺乏民主的恰恰是政權。就政權言，中國社會從先秦的貴族專制政治，到秦漢而下的皇權專制政治，以至現代以來的威權政治和極權政治，雖然今天強調政治制度改革，但，距離民主還有一段根本的距離。這個距離有待從民主集中制到民主制的轉化。轉從治權看，在皇權政治的框架下，漢代的「舉孝廉」，即全國各地每二十萬戶每年推舉孝廉一人，再由朝廷任命官職。這和以上南京市的公推公選，未必就不相同。儒家有所謂「天下為公，選賢與能」之說。這裏的「選」和剛才的「舉」就有民間選舉之意。如果說南京市的局長公選是民主，那麼，這種民主中國古代就有了。然而，即使民主，這也是治權的民主，並非政權的民主。前者是吏治，後者是政治。它所以不是民主政治，是因為政治層面上的皇家權力是不容選舉的。

政權在民，是指國家或地方的最高執政權力，無論一個黨、一個人，還是其他，必須來自民間選票，這就是選舉權。不但如此，民間對各級政府及其官員還有彈劾權和罷免權。同時，在社會制度上，民間亦有自己的創制權和立法權（透過議會）。這大致就是政權在民的基本內容。政權如此，其治下的事權，就可以交給政府而民間不必直接過問了。治權在府，是因為民間把各種行政事務委託給政府，這個政府是責任政府，組閣就是它的權責之一。例如英國，在議會獲得多數選票的政黨可以直接組閣，不需再經民選。閣員對首相負責，首相則對選票負責。如果部廳局科之類的官吏都還要社會一一選舉，不但導致選舉泛濫、行政成本增高；而且在專業取向的行政事務上，民間未必知道誰有長處，誰更合適。

根據以上，這次南京市的局長公選，充其量是治權民主，或，吏治民主。吏治民主不是政治民主。進而言，吏治可以不民主，政治卻不能不民主。來自民間選舉的政治民主，不是局長選舉，而是選舉最後決定誰當選局長的那個權力。

這道歉何以更像是政治「陳情表」

石家莊地方政府終於「對廣大嬰幼兒患者及其家長表示深深的歉意」，發言人在道歉中著重強調這三條：「一是政治上敏感性差，站位不高，只是就事論事，就請示說請示，對事故缺乏政治上的敏感性……。二是認識不到位，後果估計不足。對這次事故的嚴重危害，缺乏前瞻性分析，……以至於在國內外造成了重大不良影響。三……，由於資訊的遲報，貽誤了上級機關處理問題的最佳時機，給群眾生命安全造成重大危害，嚴重影響了黨和政府的形象。」

這是向誰道歉，這道歉怎麼像是一份「臣密言」式的政治陳情表（兩者的語義卻不可同日而語）。道歉本身剖誠輸忠，辭義懇切，這固然因為「詔書切峻，責臣逋慢」，更兼當地政府多名官員引咎辭職，所謂「臣之進退，實為狼狽」。但，這道歉的姿態不是低首，而是仰承，它不是向權利道歉，而是抬頭向上，在向權力道歉。

毒奶粉事件，真正受害的是那些吃了三鹿奶粉的嬰兒及其家長。可是，該道歉大談政治，大談該事件帶來的不良政治影響。這固然是事實，但，結石嬰兒與政治何干。那些嬰兒的家長，不過是「無權者的權利」，政治影響又與他們何干？如果道歉，他們需要的是人道的道歉，不是政治的道歉。受難者還在受難，可是道歉者卻在道歉時如此不忘「講政治」。這樣的道歉，對那些現在還在受難中的人可以說是誠懇的嗎？

道歉並非不能講政治，但要看如何講。就三鹿事件，石家莊地方政府除了監管失責，更在於它袒護不良企業，將疫情拖延不報。由此導致的惡果有傷及權利的，也有傷及權力的。疫情擴展，給結石嬰兒及其家長帶來互動式的身心傷害，這是權利上的傷害。另外，東窗事發，確也「嚴重影響了」包括上級機關在內的權力形象。但，面對權利與權力，道歉者的道歉指向是哪裏，相信讀過該道歉的讀者都一目了然。比如發言人說該事件「在國內外造成了重大不良影響」，但為什麼不說它給廣大嬰兒患者的生命帶來了更重大不良的影響。生命不如形象，正如權利不如權力。生命的影響是個我的，權力的影響才是國內外的。因此，本該是權力向權利的道歉，卻錯位為權力向權力的道歉。

不過，就現有的權力鏈來說，該道歉也自有其邏輯。因為該地方政府的權力來自上級機關的權力授與，它沒有為上級權力站好崗，卻捅了這麼一個大漏子，以至驚動國內外，它當然要誠惶誠恐，向上罪己。如果說那些躺在病床上的重症嬰兒是「人命危淺，朝不慮夕」；對那些失責的官員來說，卻是「官」命危淺，朝不慮夕。因此就道歉作如此剴切的剖白並不奇怪。只是這道歉如果是給上級的檢討，那又當別論。但，這次道歉是透過媒體面向患者、面向公眾、面向全社會。發言人開口政治，閉口上級，兩者俱不離權力；如此道歉，又置權利於何地。

這是一次唯上的道歉。一個社會，如果以權力為本位，比如過去的皇權社會，臣子「至微至陋」，卻「過蒙拔擢」，因而在權力面前，「不勝犬馬怖懼之情」。一個社會，如果以權利為本位，比如民主社會，權力對權利負責，它不懼怖權力，卻敬畏權利。這樣的區別，夠耐人尋味。

媒體，請注意你使用的語言

流覽網路，在網易、新浪、搜狐等門戶網站上都看到這樣一個標題〈薄熙來駁斥重慶集中打擊犯罪為作秀的指責〉。這是一個問題標題，問題在於標題中「駁斥」一詞語用不當。

前不久，重慶警方以運動方式開展了一次大規模的治安綜合整治，對此輿論有過不同看法，網上也有過相關評論。今天的報導，是重慶地方首長對不同看法的回應。這是報導中的表述：「薄熙來說，對此次集中打擊犯罪，廣大市民拍手稱快，但個別人卻酸溜溜地說這是『作秀』……」。我不知道這是說話者的原話，還是記者的間接引語。但，無論如何，根據這樣的內容，在標題製作時用「駁斥」一詞，嚴重不妥。

無論報導中的「個別人」，還是我所看到的網上評論，他們的身份是公民，而且是不擁有政治權力的公民。一個公民，如果不擁有政治權力，那麼，它就擁有和政治權力相對應的政治權利。後者的含義具體在這件事情上，就是作為公民的他或她，有評論上述重慶警方此次行動的自由，而且是任意評論的自由——肯定的或否定的。這個自由就表現為一個公民對公共事務發表自己意見的政治權利。

至於報導中的地方政府首長，其身份也是國家公民，但，因為擁有一定的政治權力，在對應的意義上，便不再擁有其他公民所擁有的全部政治權利，亦即他要從他的政治權利中減去與他所擁有的政治權力相對應的部分。比如，批評政府作為或不作為抑或亂作為，如果可以是我作為公民的政治權利的話；那麼，權力者因其握有權力則無以擁有也無從擁有。

由於重慶警方是以運動方式搞大規模治安整治，人抓了近萬個，刀繳了兩萬把。這樣的大動作，民間有議論不足為怪，有非議亦屬正常。在公共領域，有議論總比沒議論好，有不同議論更比議論一面倒好。無須多說，這是民主國家中的政治生活通則。換言之，政府有行動的權力，民間則有評論的權利。就此事言，我當時雖然沒有發表過評論，但內心還是有看法的。我不贊成這種「嚴打」方式，至少這不是更法治而是更行政的方式。我甚至認為，這幾天你集中處理，做出如此大的動靜，與其是功績，不如是問題。問題在於，平時你是幹什麼的（法治必須是平時的和隨時的）。

現在不妨觸及問題。假如我向權力方提出這樣的批評，即使因為隔膜，以上我可能有誤會，權力是否可以在公共領域中「駁斥」我呢？不，不可以，因為我是權利方。民主體制，權利為權力之母。權利可以指責權力，權力卻不可以駁斥權利——這是最基本的權利和權力之間的政治哲學（當然專制體制例外）。權力有事權，權利有言權，此乃兩種不同的社會資源在公共領域中的合理分配。再者，權力靠權利的賦稅以維持，如果它做事有問題，權利理當指責。面對來自權利的指責，哪怕有偏差，權力能做的，甚至唯一能做的，不是「駁斥」權利，而是對權利進行「解釋」——這是它的義務。概而言，權力的存在本身就是義務性的，相反，權利則是享受權力義務的對象。那麼，在什麼意義上，權力可以駁斥權利，義務的主體可以駁斥它必須為其盡義務的那個對象呢？

「駁斥」，還是「解釋」，看起來是一個語用問題，甚至是辭彙問題，相信我不是小題大做，畢竟不同的語詞之後有著不同的價值內涵。現在這個標題，無形中倒置了權利和權力的關係。捉筆者未察（或許權力者亦未察），故有揭示之必要。

「百度」何以是公器

百度無良，以競價排名索取錢財，為三鹿之類的企業刪除負面新聞，遮罩它所認為的所謂垃圾資訊……，終於導致四面非議。但有輿論，說百度是私企，不是社會公器，沒有那麼多的公共責任。其中一位朋友在博客上儘管批評它，但也認為「百度不是公器」，是「私企且是私器」。看來，不但必要為百度的身份作一甄別，更必要甄別一下有關公器的誤區。

大凡媒體皆公器。百度作為搜索引擎，和網路本身一樣，都屬於新技術型媒體，因而也是公器之一。判斷一個對象是否公器，不在於它是私還是公，產權在這裏並不重要，重要的是看它的事務是否涉及公共生活。一個成衣加工，哪怕是公企，它的生產由於只是和私人生活發生關係，它則無以成為公器。相反，一個媒體，儘管私人所有，但它提供的資訊如果與社會公共領域有關，它理所當然是公器。搜索引擎雖然不直接生產資訊，但卻為公眾提供和加工資訊的資訊。比如包括公共生活在內的資訊來源、資訊查詢、資訊分類和資訊排序等，都是它的工作內容；根據這一性質，百度顯然是公器。

上述看法存在一個誤區，屬公方可為公器，屬私則不可以。不然。就媒體言，公私尤不能據產權以劃分。英美國家，產權私有，包括各種媒體，比如聞名於世的《紐約時報》、《華盛頓郵報》等一應為私人所有。按照以上邏輯，英美社會豈非無公器。事實恰恰相反，正是這些私人媒體才有效地充當了社會公器。1970年代，《華盛頓郵報》所以成為全美最有聲望的報紙，正在於它對「水門事件」的報導以及由此導致的尼克森總統下臺。當然，在私人媒體之外，例外也是有的，那就是屬於美國政府的「美國之音」。但，例外在於，「美國之音」是二戰的產物、冷戰的工具，它不但是美國政府所能擁有的唯一的媒體，而且也正因為它為政府所屬，美國社會從來不把它當公器看。事實上它也無以成為公器，因為在它頭上，懸著一個剛性規定，即它只能對國外廣播，不准對國內發出任何聲音。

英美憲政國家有一條普遍的遊戲規則：政府辦行政，民間辦媒體。在英美人眼裏，媒體作為公器，只能依靠私人辦，不能依靠政府辦。政府辦媒體，用的是全體納稅人的錢。但納稅人並非鐵板一塊，他們因其利益和觀念的不同而分屬不同社群，對諸多問題自然有著不同的看法和態度。媒體在政府，它的聲音往往只是社會中一部分人的聲音，另一部分人很可能對此反對。在這種情形下，媒體對反對這種聲音的人來說既不公平又侵權，為什麼我要在我出錢辦的媒體上看到或聽到我所反對的東西呢？因此，英美社會，政府在行政之外，秉持價值中立。至於各種不同的聲音、觀點和價值，交由民間各種媒體去表達，這就從制度上保證了不同的人在表達權利上的平等與公正。

媒體為公器，即意味著它的職能是對政府行使監督。英美「媒體民間化」的原則，則有效的發揮了權利對權力的監督功能。在對比的意義上，我們說媒體是權利，不是權力；正如行政是權力，不是權利。權力需要監督，只能靠權利，不能靠權力。後者是自己監督自己，效果誰也不敢相信。道理很簡單，假如《華盛頓郵報》屬於白宮，你能想像它會揭發「水門事件」嗎？可見，媒體的公器職能，要在姓私不姓公。在「三權分立」的意義上，美國人習慣把媒體對政府的監督稱為「第四權力」。「第四」即意味它處於政府的三權之外。當然，這裏的「權力」更準確地說是「力量」（兩者在英語中為同一詞），因為媒體是民間的、私人的，它只能屬於權利範疇。

英美不論，轉看本土。1949年以前的《大公報》為私人創辦，但它卻是當時最具社會影響力的公器，它的追求從其報名就可以看出。相反，當時國民黨的《中央日報》是用公帑辦的，姓公不姓私，但在公共性上，它能和《大公報》相提並論嗎？辦來辦去，《中央日報》辦成了一黨之私（這也正可見歐美國家「媒體民間化」的必要），以致最後壽終正寢。至於百度，我們雖然不會以發佈新聞報導的公共性來要求它，和報紙相比，它畢竟是一個次生媒體。但就它本身可以提供公共檢索這一特性而言，從索財、刪負到遮罩，其做法越往後越讓人看低。本來想把當年《大公報》用來自律的「四不主義」贈與它，讓它知道媒體的公共規則是「不黨、不賣、不私、不盲」。但想想它還不配，至少它把自己給賣了。

像胡適之那樣愛國

這樣的戲劇性讓人啼笑皆非。輪椅擊劍運動員金晶因為在巴黎保護奧運火炬被網友譽為「民族英雄」，曾幾何時，她表示要慎重對待抵制家樂福，又被一些網友罵成「漢奸」。從民族英雄到漢奸，兩者判若雲泥，卻在短短幾天內發生。如此出爾反爾，實在也太隨心所欲。

近來網路上的愛國主義充滿了當年胡適所說的「正義的火氣」。自己以為正義，就可以火氣沖天的罵人，而且毫無顧忌。金晶是個殘疾人，網上居然有這樣的貼子：「我看她是先沒腿，現在是沒腦了」。拿別人的生理缺陷下藥並詛咒，無法不讓人齒冷。至少在對家樂福的看法上，金晶是理性的，她所以希望網友慎重對待抵制，是因為家樂福裏有很多中國員工，首先受到傷害的是他們。主張抵制的人慮不及此，還詛咒別人沒腦子，這彷彿是仰天而唾。

愛國，既然聲稱是「愛」，這種發自自然的感情當然可以理解。不過，愛國的「國」不過是個空洞的框架，如果離開居住在這個國度裏的人的話。人和國家的關係，用胡適徵引過的一位美國學者的表述是「國家之上是人」。既然如此，人是國的主體，國是人的居住；那麼，愛國先須愛人，這份愛不妨先從人愛起，否則愛國就是空洞的。可是，我們看到的是什麼呢，已經被視為「民族英雄」的金晶，僅僅因為發出了不同的聲音，立即被打入另冊，還要承受網路暴力的攻擊，這其中能讓人感受到愛嗎？抵制家樂福，同時也抵制了那些在家樂福中租賃空間的同胞。租賃費不會少繳，營業額卻會因為抵制而減少。如果抵制，他們首當其衝。那些一意要抵制的人並非不知道這一點，那麼，他們的主張對這部分同胞來說又愛在哪裏？至於還有往同胞家中砸玻璃、扔石塊、甚至在網上發佈生命威脅之類的舉止，這樣的愛國已經充滿了恨。難道這種對人的恨卻可以稱之為愛國嗎。愛國不愛人，一種何其弔詭的愛國邏輯，這樣的愛未免可疑。

如果我們只聲稱愛國，卻不知如何愛國，那麼就看看我們的前賢是如何做的吧。這裏不妨講一則胡適之上個世紀三十年代的故事。九一八事變後，國勢危難。大敵當前，自然不乏愛國者。1933年間，一位董姓的愛國者在《大公報》上發表愛國宏論，聲稱「就利用『無組織』和『非現代』來與日本一拼」。他說：「到必要時，我們正不妨利用百姓的弱點，一使軍閥慣用的手段，去榨他們的錢，拉他們的夫。反正我們的百姓好對付，能吃苦，肯服從，就拉他們上前線去死，盡其所有拿去供軍需，他們也不會出一句怨言。」

如此愛國論調，震驚了胡適，他在自己主編的《獨立評論》上發言：「我讀了這種議論，真很生氣。我要誠懇的對董先生說：如果這才是救國，亡國又是什麼？」在胡適看來：「這樣無心肝的『我們』牽著無數的『好對付，能吃苦，肯服從』的『他們』上前線去死。——如果這叫做『作戰』，我情願亡國，決不能學著這種壯語去作戰！」胡適當然不情願亡國，但他的愛國是和國民聯繫在一起的，是落實具體的人身上的。像董氏那樣，驅民赴死，用他人的生命滿足自己變態的愛國熱情，這樣的愛國毫無意義，更野蠻。

因此，我們今天談愛國，不妨看看胡適之。

尋找愛國的真理由

我個人不贊同那種說法，認為愛國不需要理由。任何事都有它的理由，包括愛國。其實即使聲稱愛國不需理由的人，也是有理由的，至少你是出生在這片土地上。生於斯長於斯，這當然是愛的理由，並且是人類最原始的感情之一，值得尊重。但，對我來說，僅僅如此，似乎不夠。比如我出生在長江邊的某個城市，並生活了很長時間，可是我對這個城市無甚好感。夏天那麼熱，冬天那麼寒濕，春天又像盲腸那麼短。而且文革時有關我自己的童年記憶——那是災難——全部發生在這個城市，我真的找不到喜歡它的理由。當然你說你可以離開，是的，我很慚愧，我一直沒本事能讓自己離開，也許還要在這裏終老。但你不能因為我出生在這裏，愛就成為必須。一個城市如此，比城市大的地方，也是這個道理。

在現代文明社會，一個人（比如我）對一個國家的愛，除了上述那種值得尊重的原始感情外，還需要其他的理由。那麼，這是一種什麼樣的理由呢？我前兩天作了篇〈像胡適之那樣愛國〉，那是由先賢胡適之顯示出來的一種愛國風範，對今天有啟示。1930年代，國土危難，有所謂愛國者主張用百姓的生命無謂地去填補日本人的槍口，胡適很嚴肅地指出：「如果這才是救國，亡國又是什麼？」這裏，胡適的愛國考量是人，是居住在這片土地上的人。至少，在胡適眼裏，國土如果是重要的，人比國土更重要。

「國家」這個概念框架，應當是一個三維支撐，人、國土，還有制度。首先是人，沒有人，國家無從談起。國土不言而喻，它是國家的疆域構成。然而，在人與國土之間，往往容易被忽略的是制度。國土是看得見的，如果它是一個國家的硬體支撐，制度就好比是軟體。它雖然看不見，但卻是現代國家得以運轉的靈魂，如果可以把國家比喻為一具身體的話。在胡適那裏，人是國家的首要，制度的重要也就此凸顯，畢竟制度是用來保障人的，人的社會生活及其他必須依賴制度。

由人而制度，愛國就是愛人，制度也就進入愛國的視野。對現代人來說，愛制度恰恰就是愛國的一項理由，甚至它往往成為現代人的首選。儘管它並不排斥上述那種來自古老原始感情的愛，但它顯然也是對那種愛的必要的超越。踐履這種愛制度甚於故土之愛的人，如果要舉例，恐怕沒有比馬克思更合適。這位大鬍子先生有過一句名言：「工人沒有祖國」。因為無產者在他的國家中如果受壓迫，而該國家在制度上又不能解除之，馬克思就認為他其實沒有國家：這表明了制度之於國家的意義。

在某種意義上，制度符號比國家符號更重要。因為，是制度而不是國土，才是一個國家的形象。馬克思出生於德國，可是他卻長期流亡於英國。他無法忍受當時普魯士的專制制度，因此用腳投票，寧可選擇客居倫敦。馬克思不是在選擇國土，而是在選擇制度。馬克思日日夜夜都想推翻那個由英倫國家所表徵的自由主義制度，然而，就是這個制度不僅容留了他，而且容留了他那極為激進的推翻理論——因為這屬於言論自由，哪怕是反對自己。可以設想，馬克思自己的國家及其制度，能夠容忍他像對英倫制度那樣說「不」嗎？

不可以對自己國家說「不」，而只能由國家對個人說「不」，一定是在制度上出問題，比如前蘇聯。前蘇聯國土遼闊，疆域最大，但它制度落後。那個落後的制度讓人感到最幸福的事，居然是秘密員警上門逮人，那個人不是自己而是鄰居。如果說亡國會有亡國奴，那麼，像前蘇聯那樣，雖然沒有亡國奴，但國人卻被劫持為「國奴」。由國奴存在的那些國家，如果說愛，那就要努力改變這個國家的制度。讓制度真正成為生活在這個國家中的人的庇護，庇護他的言論自由、信仰自由、結社自由、遷徙自由和財產自由。

愛國先須愛人，愛人無法不關注制度。記得以前在《南方都市報》上，我曾把當年胡適的愛國稱為「制度愛國」，今天，我願以此觀點與抵制家樂福的愛國者勉。

愛國主義與民族主義的界線

今年4月份以來圍繞奧運火炬發生了一系列事件，國人對這些事件的劇烈反應在各種媒體上被統稱為「愛國主義」和「民族主義」。或許，這兩個概念在很多人那裏庶幾一回事，但在現代社會，它們其實有著很大的不同。如果混淆，容易產生一些價值誤區。

國家是一個行政區劃，正如民族是一種血緣紐結。兩者會有很大程度上的複合，特別對那些古老的單一民族（比如日本的大和民族）來說，國家和民族很容易被當作一回事。但，對那些以某一民族為主體的多民族國家來說，比如中國、俄羅斯，民族和國家就不是一個概念，而是兩個。如果一味聲稱「民族國家」，那就要問這個國家是哪個民族的？如果這個問題可以回答，其他民族事實上就已經邊緣化了，它們在這個國家中找不到主體感。至於像美國這樣的移民國家，移民來自世界各地各民族，你說它以哪個民族為標誌？民族問題不是不存在，但這個國家在理念上一直試圖消泯民族界線，比如美國人把他們自己的國家稱為「大熔爐」，即民族熔爐，這實在是一個值得推廣的努力。在現代社會，移民是一種用腳投票的趨勢，即使是單一民族國家，它的國家構成都處在不斷改變之中。任何一個國家，本民族和外來民族如果真正能彼此互熔，才算平等。

鑒於國家與民族的不同，我願意在這裏伸張愛國主義而不願意伸張民族主義；就像我必要指出，這次海外華人在西方國家各大城市的抵制活動，對其中那些已經獲得其他國籍的人來說，他們的抵制不是像他們所說是愛國的，而是民族的。如果說愛國，他首先應該愛他國籍所在的國家，否則你入籍幹什麼？正是從這裏可以看出，國家是個開放的概念，它可以接納不同民族的人，民族則是一個封閉的概念，一個人屬於哪個民族便是一種注定。強調國家淡化民族，並非取消愛民族，而是要警惕民族主義。畢竟近代以來，因民族衝突而導致人類災難，這樣的事件已經太多，日爾曼人的「納粹」即「民族社會主義」甚至導致了一場世界大戰。

也正是汲取了包括二戰在內的教訓，作為日爾曼人的哈貝馬斯提出了他的「憲政愛國主義」的主張，這是愛國主義的現代形態，是愛國之所以愛國的首要標準，也是本文所主張的愛國主義指向。在哈貝馬斯看來，由民族不同導致文化不同的人類共同體是一種多元狀態，它得以維繫的基礎不應是民族（這個概念具有排他性），而應是以憲政為基礎的國家。因為憲政具有契約性，它不但保護不同民族，甚至直接落實到這個國家中來自不同民族的個人。其實，哈貝馬斯的「憲政愛國主義」早在中國的胡適之身上就有過體現。我在去年的〈「血」的愛國，還是「制度愛國」〉中就指出：胡適留學時曾表示「若以袁世凱與威爾遜令人擇之」，「則人必擇威爾遜。」雖然兩個都是總統，但他們的符號意義不一樣。對一個中國人來說，「袁世凱」更多是族別符號，「威爾遜」則是制度符號。胡適的選擇，用民族主義的眼光來看是大逆不道，他顯然超越了他自己出生的那個族別，因為他把制度放在了族別之上。我個人把胡適的愛國稱之為「制度愛國」。「制度愛國」和哈貝馬斯的「憲政愛國」異名同質，但胡適這一思想卻遠早於哈貝馬斯。

本文弘揚的愛國主義是「制度愛國」，它是對「民族愛國」的提升。不妨請注意這兩者之間的界線，它們的不同，可以透過一個美國故事來表徵。這是太原一位朋友在我家講給我聽的，坐在沙發上的我當時就很動容。九・一一事件發生後，第二天一早，不少白種美國人不約而同地來到當地清真寺。他們幹什麼，是要找穆斯林算帳嗎？如果要算帳，也未必沒有理由。但他們不是來算帳，而是擔心有些白種同胞會來算帳，因此他們是來保護清真寺，以免它們受衝擊。如果這個故事感人，那麼，由它所體現出來的愛國主義，對我們來說是不是相當陌生。這個美式愛國主義，不是民族主義的愛國而是制度愛國。因為（憲政）制度是保障每個人的。你如果愛國，就愛這個國家中的每個人吧，哪怕他和你不是一個民族，甚至包括你現在受到傷害。可以看到的是，保衛清真寺，是這些美國人對保衛每個人的制度的贊助。這種制度愛國才是真正的愛國，它不但提升了它的國家形象，同時也提升了那個國家中的這個民族的形象。

匹夫有難　國家有責

這其實是今年五月份的一個話題。和朋友聊天時，聊及當時發生的汶川地震。一方有難，八方支援。遠離災區的人，最好的支援方式就是捐資捐款。網上有關募捐的貼子很多，其中不乏這樣的呼籲：「國家有難，匹夫有責」。聊到這句話時，我當即表示了不贊同。我說，不是「國家有難，匹夫有責」，而是「匹夫有難，國家有責」。當時想把這個想法寫出，但，災難眉睫之際，下筆未合時宜。為免遭誤會，不妨暫時隱忍。現在可以表述我的看法了。

「國家有難，匹夫有責」乃是「天下興亡，匹夫有責」的變體，後者出自清初大儒顧炎武。但，將「天下」轉換為「國家」，則有違顧氏本意。因為在顧氏原來的上下文中，是特意將「國」與「天下」作分別的。明亡清興，改朝換代，在顧氏眼裏這是亡國，並非亡天下。且看他這樣自問：「亡國與亡天下奚辨？曰：易姓改號，謂之亡國；仁義充塞，而至於率獸食人，人將相食，謂之亡天下。」明清轉換是換了皇帝，亡國只是對擁有「家天下」的皇帝而言的，與匹夫無關。亡天下不同，那是亡失了維繫天下的儒文化。仁義是儒文化的核心，如果仁義阻塞，不得流行，以至野獸吃人，人與人也將互食，天下就徹底亡了（亦即人將不人，社會回到了史前）。因此，顧炎武進一步說：「保國者，其君其臣，肉食者謀之；保天下者，匹夫之賤，與有責焉耳矣。」如果保國是君臣之間的事，那麼，以仁義保天下則是每個人的事；因為事關自己，即使匹夫，亦有責任。後人（梁啟超？）很精彩地將這個意思概括為「天下興亡，匹夫有責」。可見，這裏的「天下」是不可易為「國」與「國家」的。

如果可以溯源，周秦以來的統治社會，「國」先是諸侯的封地，「家」又是卿大夫的采邑。無論「國」還是「家」，都是諸侯和卿大夫可以世襲的私產。匹夫就像土地，不過是他們的私產中的一部分。自秦皇始，分封變郡縣，「國」與「家」合併，俱為皇帝收編，整個「國」成了皇姓一氏的「家天下」。既然「溥天之下，莫非王土；率土之濱，莫非王臣」，這奴役般做臣子的匹夫，又操什麼國與家的心呢，至少還輪不上。所以，顧炎武不說「國家」說「天下」。但，細究起來，「天下」亦非確詞。帝制以前，天下是周天子的，包括分出去的封地和采邑。帝制以後，皇帝索性不分，故駱賓王仰天長嘯：「試看今日之域中竟是誰家之天下」。這天下在漢為劉，在唐為李，在宋為趙，在明為朱，在清則為愛新覺羅氏。可見，皇權社會的話語譜系中，顧炎武找不到合適的詞替代「天下」。其實，根據顧氏的意思，可以把它置換為我們今天的「社會」。社會興亡，人人有責，因為我們每個人都住在社會裏。

顧炎武時代不論。現代國家形態主要有兩種，一種集權性質，一種民主性質。集權如同皇權，卻比皇權更甚。匹夫（個人）在這種國家中賤如草芥，他或她只有責任，沒有權利。因此無論皇權，還是集權，都很喜歡說「國家有難，匹夫有責」，因為責任全在匹夫，權力卻盡在國家。但，這八個字如果放在民主國家，礙難行通。民主的本義是民治，即公民自治。公民選舉代表，使之組成政府，由此進行社會管理。政府由納稅人的賦稅維持。對外，它代表國家，行使主權。對內，它維護社會，為全民提供公共性的安全、保障和福利。這既是國家的職能，又是國家的義務；而享有這些國家職能和義務的，則是公民的權利。否則，作為匹夫，他或她為何要以賦稅供養它？

明乎此，就不難理解我為什麼不贊成「國家有難，匹夫有責」。其實，國家有難，總在匹夫。即以汶川地震言，難道不是無數匹夫在承受。因此，真正的問題是，匹夫有難，國家如何？答曰：它必須履行上述職責，以幫助無數受難的匹夫。如果說我個人對災區的捐助，還可以是出於人道主義；國家救助則註定沒有慈善之類的美名，它義務在此。這就是我所謂的「匹夫有難，國家有責」，而且責無旁貸。

有句話這裏必須甄別，美國總統甘迺迪當年就職總統時曾說：不要問國家能為你做什麼，而要問你能為國家做什麼。這位民主黨領袖的觀點自打我聞之，便無從贊同。民主國家，公民在向國家完稅的同時，便完成了他對國家的義務，你還要他做什麼？如果要做，就是看守著國家這個龐然大物（亦即霍布斯筆下的「利維坦」），看它能為公民做什麼、又如何做。這，既是匹夫的權利，也可以引為匹夫的責任。

「接受遊行示威申請」應成為一種政治常態

奧運期間，「接受遊行示威申請，逾期不復視為許可」。即使題目以觀，這也是一種政治上的改進。它出現在奧運這個舉世矚目的「殊態」時期，殊可理解。這些年來，媒體上有「奧運經濟」一詞，其實，借奧運之風，未必也不可以有「奧運政治」。這不是把奧運政治化，而是某種意義上的政治奧運化。政治本身就是公民事務的一部分，奧運重在參與，政治公共事務，公民也重在參與。經過申請的遊行集會正是公民有序參與的一種形式。因此，我作為一個公民，不希望「接受遊行示威申請」只是奧運期間的曇花一現，我希望它在奧運之後，能夠成為一種政治常態。

遊行集會是每一個公民的憲法權利，它由憲法授予，又由憲法保障。但，在憲法與憲政脫節的情況下，公民的這項權利往往流於一紙空文而無從兌現。對此，美國應對的辦法是，制定「憲法修正案」亦即「權利法案」，以其第一條來限制國家立法，不准它以立法的形式制定剝奪公民和平集會權利的法律條款。至於這次奧運出臺的舉措，則是直接針對國家行政權力，它幾乎類同於遊行的登記制或備案制。和以前不理睬不受理（亦即等於不批准）的老一套相比，這的確是個值得稱道的舉措。希望奧運後，它從一個臨時性的舉措，能變成類似「權利法案」那樣規約行政權力的剛性法條。

當然，該報導也指出：「對所遞交的申請，主管公安機關將依法進行審查後作出許可或者不予許可的決定。」這條規定目前可以理解，但在以後常態化的情況下，如果遊行集會沒有暴力或煽動暴力的因素，只是一種言論、思想或利益上的表達，公安權力不妨持寬容態度，儘量予以許可（這才是真正的登記制）。這裏的底線很明確，即遊行不得在現場擾及公共治安。另外，一個久染那個時代色彩的辭彙需要指出，所謂「遊行示威」。其實，遊行未必是為了示威，而是正當表達自己的權利。通常說來，權利不是權力，它無威可示。再者，「威，畏也」（《說文》），行使權利也不需要讓他者產生畏懼。在這裏，還是美國「權利法案」中的語言值得借鑒，它用的是「和平集會」。在這裏，和平是最重要的，但它需要權力和權利雙方配合。

遊行作為一種常態政治，是每一個民主政體的必然現象。如果一個國家中看不到這種現象，倒可以從中觀察它的政治體制是什麼。中國作為一個共和國，共和的要義就在於這個「和」是「和而不同」的和。共和體不是共同體，它不是一味求同，而是同中存異。因為構成共和的對象本身就是不同的。不同的對象需要表達不同的聲音、意志和利益，除了按照共同制定的遊戲規則博弈，它當然也可以透過遊行、集會、請願表達自己想表達的一切，哪怕它不同於社會主流或對權力持異議。因此，不要把遊行視為洪水猛獸，它是多元化社會中很正常的公共生活現象，甚至帶有遊戲色彩。

這裏不妨挑剔一下該報導的結尾：「對於這一條時限規定，外界普遍給予了好評。一名外國記者表示……，這是非常大的進步。」儘管說的是事實，但為什麼是老外說？好像這是做給外國人看的，而我不希望是這樣。

權利強大，國家才能強大

奧運金牌屢屢激起了國人的大國和強國之夢。其實，就國家而言，國民只要自由和富足比什麼都好。大國，中國夠大的了，在疆域上，強國固好，但如何強，卻要看怎麼理解。至少這裏有兩種強大，一種是權力的強大，一種是權利的強大。我個人的看法是，權利強大，國家才能強大。

這次奧運開幕，我看得有些感觸。那數千人如此整齊劃一的動作，反反覆覆。以這樣的大場面來呈現傳統的輝煌，技術上完成了，理念上對接了，與此同時，問題也暴露出來了。開幕式呈現的是一種集體主義美學。集體，如果沒有一種權力意志貫徹，也就不成其為集體，而是一盤散沙。因此集體主義美學同時也是權力美學。權力美學可以製造美學上的強大，但，個體在其中，是無以彰顯自己的個性權利的。長期以來，我不喜看前德、前俄、朝鮮等國的大型團體操，就因為這美學上的隔閡。跳過美學，說它在理念上對接，蓋中國古代的強大，也是權力的強大，否則也不會有秦帝國的萬里長城。今天我們可以為長城驕傲，但從無數范喜良、孟姜女的個體權利來看，它付出了多大代價。儘管那個時代沒有權利概念，卻不妨礙我們今天從歷史深處獲得的這樣的認知：權力強大，代價太大，它固可以強大一時，但未必支撐久遠。像長城、金字塔那種古典的輝煌在世界範圍內大都成為歷史的輝煌，而歷史的輝煌不是現實的輝煌。

追求現代意義上的強國，則是另一種路徑。不是權力強大，而是權利強大，美國就是一個例子，除非我們認為美國並不強大。這裏，權利的強大乃是針對權力而言。權力和權利共處一個社會空間，權力的範圍大了，權利就相應小。如果一切屬於權力，那麼整個社會就是權力的天下，它沒有權利可言，或者權利僅僅是權力的奴役。這種社會控制能力強，創造能力弱。因為個體的權利處於服從和壓制狀態，無以發揮自己本有的自由個性；而自由才意味著創造。所以，當年胡適很辯證地告誡青年：「現在有人對你們說犧牲個人的自由，去求國家的自由。我對你們說：爭你們個人的自由，便是為國家爭自由。爭自己的人格，便是為國家爭人格。自由平等的國家不是一群奴才建造得起來的。什麼是奴才，權利在權力面前抬不起頭來，就是奴才。」胡適的意思可以這樣轉換：沒有個人的強大，就沒有國家的強大。國家本來就是由個人構成的。因此，所謂強國，在某種意義上，就是強個人、強權利。

落實到體育上，我們獲得那麼多金牌，的確強大。但不要忘了，我們的體育是國家體育，而國外一些專案的獲獎運動員，靠的不是國家，而是自己，或職業贊助。這兩種背景並不一樣。像前蘇聯、前東德、前羅馬尼亞，都是體育強國（至少在某些專案上）。傾一國之力扶持某個專案，它當然強大。但體制一旦轉型，優勢也就瓦解。這樣的強大，還不如讓體育紮根民間，讓它遍地開花，這更符合體育精神。國家體育是精英體育，不是全民體育。用於大眾的體育資金更多集中於精英專案，這樣的強大，代價則是全民體育的不容易普及和提高。因此，衡量體育強國的尺度非僅獎牌，還要看整個國家那無數個體構成的全民體育水準。

國家辦體育就是奧運政治化

值奧運之際，有網友建議把8月8日設立為「體育節」，有人進而把這個節解釋為「全民體育節」。「節」，除了民俗意義上或紀念意義上的外，大都為弱勢或弱項而設，比如在男性社會中需要有個婦女節，樹木砍光了，需要有個植樹節。其他如勞動節、兒童節、愛鳥節等，大體若是。如果要設全民體育節，應該也是在這個意義上。因為全民體育與奧運金牌之間的反差，顯然是一個問題。

解決問題的辦法之一，就是改變現有的國家體育體制。世界體育有兩種，一種是體育，一種是中國體育。以奧運為例，歐美參賽國的運動員不是業餘就是職業，中國運動員不然，幾乎全部是專業。業餘不論，職業和專業的區別，職業運動員如果靠的是門票和廣告；專業運動員則靠國家，並為國家所包養。這是一個常見的對比，歐美體制下的運動員獲獎，可以有很多感謝對象，但為什麼偏偏不感謝國家？因為他的獎牌和國家無關，他所在的國家也不可能拿納稅人的錢讓任何一個人去玩獎牌遊戲。請注意，奧運英文中的game，原意就是遊戲，奧運說白了就是人類間的競技體育遊戲。但，儘管是遊戲，中國獲獎運動員對著話筒，非感謝國家培養不可。這不是套話，而是事實。當然，進一步的事實是，與其說國家拿錢，其實是我們全體納稅人拿錢。因此，這一現象和另一現象聯繫起來更有意味，就像世界上有兩種作家，一種是作家，一種是中國作家。這就是典型的中國特色，文化上要養一批專業作家，體育上要養一批專業運動員。

這是個體制問題，正如這是個問題體制——否則體制改革也無從說起。問題在於，國家體育的道路，不符合奧運體育精神。奧運鼓勵人人參與，這種參與是在人人都有職業之外的業餘，因為世界上一般人都不可能以遊戲為業。當然，某些體育專案因為有強烈的對抗觀賞性，比如美國的籃球、橄欖球等，已經商業化和職業化了，但到此為止，就不能再往前走。往前就突破民間體育的框架，變成國家體育了。國家體育就是政府養體育，體育作為遊戲，本來就是個人的事和民間的事，它從一開始就與政府無關。奧運之前，我們一再反對奧運政治化，殊不知，如果政府介入或包辦各種體育運動，這行為本身就已經使體育政治化了。因為政府的作為無不與政治有關。

另外，政府既然是拿納稅人的錢辦體育，它的指向就很明確，即體育經費應該用於全體納稅人即全民。政府有責任為全民提供各種體育設施上的完便，而不應以若干年一次的運動比賽拿金牌為目的。我不知道拿一塊金牌，國家為體育劃撥的財政預算是多少（也許根本就不封頂〔按：「封頂」為大陸用語，指工資上限〕），但不管怎樣，如果在預算既定的情況下，切蛋糕的原理是此大彼小，即用於金牌進項的多了，用於全民的則必然少。奧運體育鼓勵全民體育，如果把資源無度集中在專案運動上，對全民體育來說就很不公平。

因此，如果設立體育節，意義就在於要全民體育，不要國家體育。讓體育回歸社會從而與政府脫鈎，這是體育體制的轉型。其實，在諸多公共事務上，應該本持一個原則：社會能做的，政府就不要參與。畢竟政府的角色是維持者而非參與者。希望借奧運東風，我們能夠逐步開始包括體育體制在內的整個國家體制的轉型。

從奧運開幕看「禮儀之邦」

已經過去了兩個月，但奧運開幕式的印象，依然揮之未去。記得當時我這樣寫道：「這次奧運開幕，我看得有些感觸。那數千人如此整齊劃一的動作，反反覆覆。以這樣的大場面來呈現傳統的輝煌，技術上完成了，理念上對接了，與此同時，問題也暴露出來了。開幕式呈現的是一種集體主義美學。集體，如果沒有一種權力意志貫徹，也就不成其為集體，而是一盤散沙。因此集體主義美學同時也是權力美學。」當然，權力美學的表現不是直接的，而是包裹在傳統的禮儀文化之中。因此，當開幕式以一個個華麗的場面，盡情展現我們古老的國度是禮儀之邦或禮儀文化時，隱含在這一美學表象下的禮儀觀念到底是什麼，就成為一個有待深入的問題。

中國文化是一個以儒家文化為主體的禮儀文化。這種文化淵源久遠，以至直到今天，我們都習慣聲稱這個古老的國家是禮儀之邦。這確實沒錯。但，如果把禮儀簡單地理解為我們這個泱泱大國在奧運期間的文明禮貌和熱情好客，就顯得皮相。中國禮儀文化根本上是一種權力文化，就此文化而言，禮儀所以需要，首先就是權力的需要。打開「三禮」之首的《周禮》，全書就是一部「設官分職」的權力分佈圖。這部原名即為《周官》的書，給我們提供了一個完備的體制化的權力譜系。

如果這樣表述還顯得抽象，那麼不妨透過漢儒叔孫通的故事，讓我們感知一下什麼叫禮儀，什麼叫權力。漢高祖劉邦初得天下，成天和那些群臣們大碗喝酒，大塊吃肉。群臣自恃有功，動輒飲酒相爭，醉了就狂呼亂叫，甚至拔劍擊柱。劉邦慢慢有點害怕，但也沒有辦法。這時儒生叔孫通給劉邦建議，讓自己到魯國故地去招幾十個儒生，一道來制定一個「朝儀」。這本是儒家的拿手好戲，劉邦同意後，叔孫通就帶著選來的上百人在野外彩排。一個多月後，他就給劉邦上演了一次君臣上朝開幕式。

自此，群臣在朝廷上再也沒有那麼隨便了。他們得按照制定的禮儀，順序進入殿門，文官站在西邊，武官站在東邊，恭候皇帝出來。皇帝前呼後擁出來後，還要行禮。禮畢，大家才坐下飲酒。飲酒也有程儀，坐在那裏要伏首，不能昂頭，還要以尊卑順序輪流敬酒。就是這麼一套儀式搞得群臣昏頭昏腦，「莫不振恐肅敬」，且「無敢喧譁失禮者」。劉邦無任開心：「吾乃今日知為皇帝之貴也」。

皇帝之貴是透過禮儀顯示出來的，禮儀之要，在於制定一種秩序，支撐一種權力，並彰顯其權威。因此，說中國是禮儀之邦，不能只看禮儀的表面，一定要穿入其中看權力，否則不中肯綮。這是另一個我們所熟悉的故事。當年英國第一位來華使者馬戛尼從廣州北上要見清皇，乾隆非常看重這次朝見，更看重這次朝見的禮儀。他預先佈置臣下轉知馬戛尼，朝見時要行三跪九叩之禮。馬戛尼深知中國人重視禮節，因此並不拒絕如此行禮。但他有一個條件，中方須派與他同等級的大臣在大英國王的像前也行三跪九叩之禮。他說得很明白，他所爭的不是他自己的身份，是中英平等；並以此表示英國不是中國藩屬，而是與其並列的國家。馬戛尼把他的願望和要求函至中方官員，但遭到了拒絕。因此，馬戛尼決定見乾隆時不行三跪九叩之禮，而是以見英王最敬的禮節來拜見。結果乾隆爺龍顏不悅，差官吏暗中設法使其早日回國。至於馬氏提出的和平邦交、自由貿易等要求，乾隆也一概拒絕。在前清華大學歷史系主任蔣廷黻看來：這是「天朝統馭萬國」的觀念在作怪。是的，前清只懂「天朝」，不懂「國際」，這禮儀之邦後面的「統馭」心態，就是典型的權力心態。這種心態需要的是萬邦來朝而非平等交往，它直接導致了中國近代史的被動，從一開始就形成的被動。

回到奧運開幕。如果這次開幕式是一道視覺大餐，導演的手筆證實了我的感覺。尤其燈光暗轉之際，那藍綠光線下匆匆換場的演員，人影幢幢，襟帶風起，不禁讓我感到禮儀文化的幽魂在場中飄蕩。鏡頭一轉，忽見他國元首，第次而坐，果有一番「萬邦來賀」的大國氣象。至於場上以當年的活字印刷呈現「和」字，更與《周禮》精神相契：「禮典，以和邦國，以統百官，以諧萬民」。而場上參演的萬民，以一遍遍高度劃一的動作，又形象地演繹了什麼是中國特色的「和諧」——在（導演）權力的統一指揮下。

這，固然是禮儀之邦。但，面對國家歷史的現代轉型，我們更需要的是，從「權力之邦」走向「權利之邦」。

「刁民」是語詞還是制度

中國前副部長龍永圖最近在談城市拆遷中的「釘子戶」問題時，出口不遜：「對待刁民政府要硬氣，不要被刁民挾持。」而且政府「不能做群眾的尾巴」。這位政府前官員習氣未改，從語詞到句式乃至語氣，都充滿了幾十年來舊體制下權力者對權利的自大、顢頇和不屑一顧。作為讀者，幾句話讀完，我對此人的感覺只剩四個字：「肉食者鄙」。

一種體制一種語言，這種語言首先就在辭彙上體現出來。假如在美國，是否可以設想政府官員會使用「刁民」、「群眾」這樣的貶義性辭彙，除了他不想在權力的位子上再坐下去。舉一個還不是政府官員的例子，前哈佛校長薩默斯在一次經濟學家的會議上表示：由於生物學方面的原因，男人比女人更適宜在科學方面發展。由於涉嫌女性歧視，此人不但連連道歉，最終還成為他辭去哈佛校長的原因之一。說來原因很簡單，在民主體制下，如果你是一個權力者，你的權力來自公眾的權利；而且權力的存在就是反哺性地為權利服務。這樣一種「權利本位」的關係，就決定了權力對權利的尊重。它如果不想找抽（按：「找抽」為大陸用語，指找打），絕不敢在公共領域對公眾使用「刁民」之類的辭彙。

皇權體制不然，正如「刁民」是典型的皇權體制的語彙。這種體制，權力為本，民眾只有供奉的義務卻沒有自己的權利。如果有，則屬於皇恩浩蕩。當權利來自權力時，就註定了權力對權利的驅遣和權利對權力的順從。一旦不順即為刁，刁民也者，正是順民的反面。「群眾」一詞亦如此。「群」古作「羣」，視民眾為順從的羊，需要來自上面的統治者的統治（「君」即「君領」、「統治」），這正是「群」這個會意字的含義。古代地方長官稱「牧」或「州牧」，正是把治下的民眾當群羊一般看待。羊當然溫順，而民不溫順，權力者便覺大逆不道：斥為「刁民」、指為「群眾」，還常常加上「不明真相」的定語。這樣帶有對權利侮辱性的語言，不幸我們已經見慣不驚。

語詞後面是制度。當一個政府官員張口閉口「刁民」、「不明真相」時，不但暴露出權力者骨子裏面的思維意識，還可以窺見其制度狀況。制度決定語言，民主體制，官員誰敢說「對待刁民政府要硬氣」？且不說誰是刁民，這個詞分明是以權力尺度為準的。轉從權利角度，它其實是很正常的權利和權力之間的博弈。即使權力來自權利的民主體制，只要權力一旦脫體而出，它本身就是和權利相對的一個利益體。當它謀取自己的利益時，最方便動用的名義就是公共利益。因此，對待民間的權利訴求，政府可以談判，可以訴諸法律，但，絕不能像龍永圖那樣強行「硬氣」。

「人民內部」以外是什麼

7月19日的孟連血案終於被地方政府定性，媒體的標題是「孟連警民衝突是人民內部矛盾」。我認同這樣的處理，並且一直擔心地方權力把它定性為不法分子的群體暴力。但，定性沒有問題，表述卻不妨質疑：如果孟連衝突是人民內部矛盾，請問「人民內部」以外是什麼？

我一直以為，在公共領域語詞不僅是語詞，它同時也是一種制度狀態的反映；這正如對一個具體的語言者來說，他使用什麼樣的語詞就反映了他什麼樣的思維狀態。這麼多年來，在處理群體事件時，最慣見的，就是權力這樣聲稱：「不明真相」的群眾。殊不知，這是一個有辱權利的詞，它在公共領域流行了幾十年之久。遺憾直到今天，一些官員對這個詞的惡劣性依然習焉不察，慣性使用。

很顯然，在社會民主制度下，權力是不敢使用這個詞的，因為權力來自權利——這裏的權利是公民權利。公民為了保障自己的權利，以選票方式選擇自己認可的權力者。想想看吧，這樣的權力者會把供應自己權力的公民們斥為「不明真相」嗎？只有在一個閉關鎖國的舊體制下，上智下愚不移，而且皇封的權力視民為隨意驅遣和糊弄的對象，才會有「不明真相」這種蔑視性的詞。今天，誰要再用這個詞，作為公民，我不僅要透過輿論起訴，還要向它大喝一聲：你膽敢！話說回來，把公民看成不明真相的群眾，才是真正的不明真相——不明在民主時代權力和權利應有關係之真相。

今天有個很流行的詞，叫「與時俱進」，權力者使用語言時也不妨與時俱進，不要老沉溺在過去舊體制的語詞中而不拔，好像離開它，就不會張口說話。我這是一種善意的提醒。比如這個「人民內部矛盾」，和「不明真相」一樣，都是舊式體制的語詞。「人民內部矛盾」和「敵我矛盾」相對應，而這兩類矛盾的存在，是一個階級鬥爭的時代。在那個時代中，和「人民」對立的是「敵人」。事實確實如此，人民與否完全由權力決定。權力需要你是人民，你就是人民，比如抗戰時的地主。權力不需要你了，你就成了敵人，比如地主在土改時。其它如「三反分子」「四類分子」等，都是那個時代「人民內部」以外的敵人。

難道我們今天還處在一個階級鬥爭的時代？難道孟連事件如果不作人民內部處理，還要把那些可憐的村民開出人民之外，把他們視為階級敵人？邏輯的荒唐來自語詞的荒唐，當然它首先來自那個荒唐的時代。今天，我們的體制正在努力向民主體制轉型，希望各級權力努力學用民主體制的辭彙來表達自己。至少我們知道，民主國家無敵人（除了外族入侵）。它沒有什麼人民內部和外部，大家都是公民。擁護權力的是公民，反對權力的也是公民，而且擁護和反對都是公民的基本權利。非民主體制不然，只有它才本能地把反對自己的人視為敵人，因此也只有它才會有人民內部和外部之分。劃分的結果便是可以「合法性」地把反對者當作敵人進行專政。

如何語詞即如何思維，如何思維則導致如何處置，特別是權力面對突發事件時。即以孟連血案例，輿論普遍認為權力不該出警。是不是在地方權力的意識深處，和自己作對的就是敵人，因而可以輕易動用警力呢？結果固算明智，定性排除敵對。只是一不小心，那個語詞還是露出了敵對的馬腳。

官員「守土有責」的背後是什麼

剛從廬山下來，回到家中，一眼看到報紙的頭題就是「大接訪」。內中表述讓我不解：「基層是重點，縣級是關鍵，縣委書記是第一責任人。此次大接訪活動的這組重要關鍵字背後，是基層領導者須臾不可忘記的四個大字——守土有責。」既然守土有責是大接訪背後的關鍵，那麼，「守土有責」的背後又是什麼呢？

這次在廬山，去了「美廬」。面對蔣介石1937年廬山抗戰宣言的照片，便想起宣言中最流傳的一句話：「如果戰端一開，那就是地無分南北，年無分老幼，無論何人，皆有守土抗戰之責任。」這就是「守土有責」的出處，也是我回來看到這四個字感到不對勁的地方。國土是每個人的國土，敵寇入侵，每個人的家鄉都在淪陷。因此，無論男女老壯，都有守土抗戰之責任。這樣的句子這樣的語詞，只有在這樣的語境才能使用。然而，今天，國土依然是每個人的國土，家鄉依然是每個人的家鄉，既沒有外族入侵，又沒有敵人破壞，怎麼會有「守土」之說，還要「有責」？

《廣州日報》以前有過一篇解釋這個詞的文章，說：「什麼叫守土有責？電影《英雄兒女》中堅守無名高地的英雄戰士，以『人在陣地在』的行動對此作出了形象的回答。」但，王成是在戰場上面對敵人，我們今天的戰場在哪裏，誰是侵土之敵？這個詞的隱性思維很清楚，守土也好，陣地也罷，都是戰爭或鬥爭時代敵對意識在掣肘。這次大接訪的背景之一是甕安事件和孟連事件，這是地方政府沒有處理好權力和權利關係，以權力壓制權利，進而逼出事亂、釀就血案。孟連甚至對權利動用了大量警力，它未必沒盡守土之責，但它顯然把權利當成了敵對，因而既搞錯了對象也用錯了方式。就接訪而言，對象是民眾，問題是民生。接訪不是為了守土，而是為了盡職。在權力面前，權利天然弱勢，只要權力真正為權利解難，權利決不會主動挑起孟連之類的事件。因此權力也不需要喚起守土的警覺，你怕失去什麼？

現在可以看看「守土有責」的背後是什麼了。從上層到基層都是權力構成，如果要求縣級基層不要忘記守土有責，這顯然是一種權力訴求。對此，我要問的是，這是誰的土？是權力的嗎？肯定不是。正如以上，國土是每個人的國土，從根本上講，它屬於權利而不屬於權力。如果權力認為是為權利守土，那不需要。你只要為權利認真辦事就行了，它不需要你守土，又沒有什麼殺的來了。如果權力認為是為自己守土，那就問題大哉。民主社會，權力由權利以納稅方式供養，權力除了為權利做事，它一無所有，亦無土可守。既然民主體制無此詞。那麼，守土有責的背後，是不是藏有本土根深蒂固的「權力本位」的意識？

這種意識在過去皇權體制下表現尤明顯。「普天之下，莫非王土」，土不屬於民眾，它屬於君王。不但如此，「率土之濱，莫非王臣」，連民都是君王的臣民。為防臣民造反，才有守土之說。那些吃皇家俸祿的縣吏們，對上也才會有「守土有責」之義務，甚至不惜為此大開殺戒。問題是，我們今天還是皇權社會嗎？一種體制一種語言，如果不是，權力又為何要用那種體制的語言說話？

「不當言論」也要寬容

這是一個令我驚訝的題目〈我們對不當言論太寬容了〉，它來自6月25日的《廣州日報》。寬容是一百多年來華夏民族最稀缺的價值資源，突然我被這個題目告知，我們不僅「寬容」，而且「太」，這也太讓我驚訝。

作者舉了汶川地震後包括范美忠在內的兩個極端表達的例子，然後發表議論：「我的看法是，根本原因在於，在某些方面有些人說話太『自由』了。」作為一個寫作者，且不說在事實判斷上，我的看法和這位作者正相反；在價值判斷上，他所反對的這種「太自由」，正是我所捍衛的人的基本的言論權利。就此項權利言，言論自由就是言論自由，不存在什麼太自由。如果因為「太」而要削減，則必然導致言論自由的取消。

言論自由的精義在於什麼樣的言論都可以表達，無論當與不當，社會都不應動用它的力量和權威加以制止。如果做到這一點，這個社會就是寬容的；反之，這個社會非但不寬容，而且極易導致專制。須知，寬容和自由是一對姻親，正如不寬容與專制互為表裏。

儘管該文作者不寬容的是「不當言論」，但，在人類的意見領域，「當」本身就殊難統一。很多問題，哪怕就是對正義的表述，都是仁者見仁，智者見智。這很正常，所謂多元是也。不正常的是一元獨斷，比如仁者見仁，卻不能智者見智，或者相反。這樣的社會是一個輿論一律的社會，它允許了仁者的「當」，便沒有智者的「當」，反之亦然。然而，人類固有的一個毛病：誰不認為自己正當。同樣，認為自己正當，非但不寬容與己不同的言論，甚至還會以「正當」的名義，做出種種令人難以想像的不正當的行為——殷鑒不遠，我們正有過這樣的歷史。因此，當「當」與「不當」的標準難於統一時，言論自由就要求我們必得寬容那些在我們看來是「不當」的言論。在此，讓我們記住胡適的看法：「異乎我者未必即是，而同乎我者未必即非。」

進一步，即使一種言論確實不當，比如該文所舉的范美忠「不管母親論」，它依然享有言論自由的權利，社會依然應該寬容這種言論發表（當然社會也可以對其批評）。十九世紀密爾《論自由》時說：「作為一個倫理信念問題來講，關於任何教養，無論認為它怎樣不道德，都應當有最充分的宣奉它和討論它的自由。」在密爾看來：「迫使一個意見不能發表的特殊罪惡乃在它是對整個人類的掠奪」。這種掠奪，「對不同意於那個意見的人比對抱持那個意見的人甚至更甚。」因為「假如那意見是對的，那麼他們是被剝奪了以錯誤換真理的機會；假如那意見是錯的，那麼他們是失掉了一個差不多同樣大的利益，那就是從真理與錯誤衝突中產生出來的對於真理的更加清楚的認識和更加生動的印象。」這樣的表述實在精彩！它是從社會功利主義談言論自由包括言論錯誤的重要。由此可見，言論自由如果排除言論不當，便無從兌現言論自由的意義。

「不當言論」也要寬容，其實是在寬容自己，因為我們也難免在別人看來言論不當。當然，一個社會寬容所有的意見表達，並不表示它沒有自己的是非標準。任何意見，你可以認同，也可以批判，這乃是屬於你的言論自由。

經濟要自由，不是要民主

《南方都市報》9月3日轉載周子勳的文章〈經濟民主的重要性不亞於政治民主〉，這個題目讓我疑惑：經濟要民主，它又如何民主呢？我個人認為，當經濟和政治並列表述的時候，合適的表達是政治要民主，經濟要自由。人類不同的生活領域有不同的價值要求，它們未必需要一體化。因此，就人類社會的經濟活動而言，自由比民主更重要。

作者的經濟民主主張主要圍繞兩個方面展開，一是包括稅收和預算在內的國家財政問題，一是國有經濟在眾多領域形成壟斷的問題。但，這兩個問題並不同質，比如前者就不是經濟問題，而是政治問題。國家稅收屬於政治，它是在社會生產過程亦即經濟活動完成之後，國家對國民收入的依法占取。稅權的行使，西方在國會，中國在人大，這是憲法賦予國家立法機構的一項權力，它是一項政治權力。同樣，國家財政預算由政府編制草案，再由國會或人大審批。預算的一部分用於政府自身的維繫，另一部分用於全社會的公共安全、防禦、設施、福利等，這些都是屬於國家權力中的政治行為而非經濟行為。儘管該文揭示的問題是嚴重的，但問題本身都在人大。解決它需要的是民主推進意義上的政治改革而非經濟改革。

屬於經濟範疇的就是國有經濟在眾多領域壟斷的問題，但，解決這個問題的要害在哪裏，不同的人有不同的看法。我個人不贊成經濟民主，我贊成的是經濟自由。民主如果是個好東西，但它並非在所有的領域都表現上乘。一個社會一般可以分為三個層面：政治、經濟、文化。試問，政治領域的民主可以推往文化領域嗎，全體表決，還是多數決定，那將多麼怪異和可怕。不同的領域有不同的遊戲規則，民主作為政治領域的遊戲規則並不能通吃天下。

30年來的改革是把計劃經濟推向市場經濟，但，推動的目標是經濟自由並非經濟民主。市場經濟是自由經濟，它意味著市場上有不同的經濟主體，它們不是按照國家意志而是按照自己的意志從事生產和經營。自由就在於它們除了服從市場的需要而不必服從國家計劃的需要。沒有一種權力可以限制它們生產什麼或如何生產，這些都是生產者自己的權利。計劃經濟不然，什麼叫計劃，誰是這個經濟的計劃者，後者是且只能是權力，國家行政權力，前者則是這個權力對經濟的壟斷和指令。因此，市場經濟如果是權利經濟，計劃經濟則是權力經濟。然而，社會經濟生活是權利者自己的事，不是權力的事。權力的職責是對市場的維護，而非讓自己在產權上成為所有者，甚至是唯一的所有者，比如在電信、石油、電力等行業的壟斷上。

今天，國有壟斷的確是個大問題。都說經濟改革三十年，可是，走了三十年的路，結果政府仍占社會總資產的百分之七十五，民間還不到百分之二十五。這個比例倒過來才能讓人接受。資產應該在民不在府，百分之七十五的數字說明政府對經濟的操控能力還很大，這就形成不了正常的市場經濟。壟斷面前無自由，自由的前提是市場上有不同的經濟主體；但，像電信、石油等行業，民間連准入的機會都沒有，自由又從何說起。同樣，對消費者來說，只有一個產權主體，它就沒有選擇的自由。經濟自由和消費自由是連體的，正如計劃經濟連消費也被權力所計劃，想一想使用布票和糧票的那個時代吧。

也許論者自己尚未意識到，經濟民主的提法不但無助於市場的形成；相反，它只有在計劃經濟內部才能說能通。計劃經濟是國有經濟，理論上是全民所有；因此，全民或民的代表就有一個經濟上參與管理的問題。這樣的經濟民主，十多年前就有學者提倡，他們搬出的樣板是1960年出現的《鞍鋼憲法》。該憲法「兩參一改三結合」，其兩參之一即工人參加管理，這在當時是為了體現工人當家作主並反對生產上的官僚主義。但，可以看到，無論經濟民主還是不民主（比如後來的廠長負責制），都不過是國有經濟運行的不同方式。因此，經濟民主主要對應於國有經濟，它無助於國有經濟的產權改革和對壟斷的打破。

概言，經濟要自由，不是要民主，不必把政治改革的訴求放在經濟改革身上。

張五常何以言論「無常」

在近日北京舉辦的市場化三十年論壇上，與會者認為：「三十年來，中國各個領域的規則、制度發生了重大變化，舉其大者如私人產權獲得一定程度保護，公有經濟迅速縮小，私人企業逐漸發育以至於佔據經濟的半壁江山。」據此，華人經濟學家張五常斷言：「這三十年來的中國經過摸索，已經形成了中國歷史上、甚至人類歷史上最好的制度。」這樣的言論，如此反常識，說它「無常」，並非過分。它不僅和國人在這片土地上生活的日常感受相差太遠；而且所謂制度，無論哪種，從不會有「最好」之說。

中國改革三十年，主要是經濟改革，它所取得成績，正如與會者以上的客觀肯定。但我個人並不如此樂觀。前些時我看到一個資料，國有資產在社會總資產的比例中占百分之七十五以上，相反，民間總資產還不到百分之二十五。這個資料如果是確實的，那麼，公有經濟還談不上迅速縮小，非國有經濟更談不上半壁江山。如果不加快經濟改革的速度，即使再來一個三十年，也不過國有經濟和非國有一半對一半。饒是如此，這依然不是市場經濟，只能是「中國市場經濟」。因為，在理論上，市場經濟不應有國有經濟的身影，更不應有如此龐大的身影。市場經濟是向民間權利開放的，不是面向國家權力的。權力和權利本不平等，市場的本性又在於競爭。問題是權力廁身其間，權利和權力還會有公平的競爭嗎？更何況在許多國有壟斷領域，權利被排斥，壓根還談不上競爭。

中國經濟改革的進一步阻力顯然不在經濟，這裏就涉及政治改革的問題。伴隨經濟市場化的應當是政治民主化，但它作為一個目標，顯然還有更長的路要走。最近媒體在檢討前不久發生的甕安、孟連事件，在我看來，問題的要害之一，便是縣鄉兩級的民主在制度層面上未曾落實。有論者把甕安事件歸結為地方政府的官僚主義，因為事件發生後，當地主要官員未能當機立斷，而是縣裏等州裏，州裏等省裏，以至事態一發而不可收。這樣的見解未免皮相，因為官員的邏輯是誰給他權力，他便對誰負責。如果他的權力來自上邊，他當然要看上面的意圖辦事。至於孟連，不惜對村民動用大量警力。雲南省的處理報告這樣兩條應該引起注意：一是該縣縣委書記「個人長期使用橡膠公司提供的豪華越野車」，二是「孟連縣少數領導幹部參與橡膠公司入股、分紅……」。出警究竟為哪般，結論已昭然。兩起事件不是什麼舉措失當，它們凸顯的是制度困境。如果不從制度缺陷著手，不真正推進制度層面上的政治改革，問題則不會有根本改觀。

我並非是個否定論者，取得的成績擺在那裏，不用多說。所以多說問題，乃是為了進一步改進。因此，就問題而言，我相信我以上基於本土感受的表述，不難獲得相當的共識。但張五常先生卻告訴我們，我們現在就是人類歷史上最好的制度。該論壇主旨之一，是三十年之後，中國下一步應當如何變革。按張氏邏輯，什麼都不需要做了，我們已經最好。還是民間表達很精彩：「沒有最好，只有更好」。張氏肆言，卻見不及此。殊不知，在制度選擇上，人類的確找不到「最好」。即使上述民主，在邱吉爾那裏，也是一個並不好的制度，只是人類還沒有發現比它更好的而已。因此，即使民主社會對民主制度的評價也不過是「最不壞」。

在市場與民主上，如果我們的制度改革還沒有完成，還需要進一步轉型，那麼，張五常先生聲稱最好，設若不是常識常理上的無知，就不知他用意何在了。

「還權於民」中的權利本位

近期出版的《中國新聞週刊》在〈「還權於民」潮起湖南〉的大標題下，很醒目的一句話是「權利由政府本位到社會本位是一個不斷回歸的過程，不斷地還權於社會正是政治體制改革的應有之義」。從該報導得知，湖南政壇正在進行一次以「還權於民」為主題的思想解放大討論，討論的目標直指呼之欲出的政治體制改革。

我當然認同「還權於民」式的政改，只要它別老停留於討論而無遑落實。但我還是有所訝異，只要是民主，無論是西方民主、還是中國特色民主，理論上，這個「權」如果是權利的話，本來就應該在民間。可是，為什麼幾十年來，我們的權利卻在政府手裏，還以政府為本位，以至現在需要「還」。這，到底是怎麼一回事呢？

任何一個社會，都可以化約為權利和權力兩部分。現代社會，尤其冷戰時期，社會形態又大致可以化約為民主社會和集權社會。民主社會，權力來源於權利，來源於該社會中公民個人的政治權利。因此，這個社會的分屬很清楚，權力屬於政府，權利屬於社會中的個人。當權力是政府本位時，政府則沒有權利。反過來，當權利是個人本位時，除了當選或出任公職，個人無有權力可言。與之不同的是集權社會，集權的「集」，就是把社會中的「兩權」都集中在自己手裏。權力自然是政府本位的，問題是權利同時也被政府掌控。比如前蘇聯，農民連種自己的土地的權利都沒有，因為土地已經集體農莊化了。

在這個語境中才不難理解什麼叫「還權於民」，那麼，這個權利現在如何還？個人權利有兩個相互聯繫的方面，一個是個人作為自然人的「自然權利」，如他或她的財產權利、信仰權利等。另一是個人作為公民的「政治權利」，如他或她的選舉權利、批評權利等。由於湖南這次還權的目標是政體改革，因此它所奉還的是公民的各項政治權利。但，這樣的表達需要指出其不足：「要從各個層次、各個領域擴大公民有序政治參與，提高人民群眾參政的積極性；深化政務、廠務、校務、村務公開，保障人民的知情權、參與權、表達權、監督權。」最後一句如同一份公民政治權利的「菜單」，很好！但，細一檢點，卻發現這功能表上少了一樣菜，還是主菜。

前幾天，我就北京市律師協會的一份聲明寫過評論。北京部分律師要求今年換屆時進行民主選舉，該律協一邊聲明以反對，一邊又表明自己是「按照行業規則進行民主決策、民主管理、民主監督。」我的評論是，民主，選舉才是龍頭，有龍頭才能帶動龍身。沒有選舉的民主是無頭的民主，不會是真民主。反觀這份功能表，它缺的是什麼，正是政治權利中的民主選舉的權利。這份權利的重要在於，對任何一個民主社會而言，它是政治權力的唯一的合法來源。民主的本義是公民自治，即「民治」，它是公民選出自己的代表並授予其權力治理社會。由此可見，選舉是民意表達的授予方式，缺了這道菜，民主就成不了席。

另外，有學者把湖南政壇的「還權」討論稱之為從「政府本位」回歸到「社會本位」，但，這樣的表述或回歸還不到位。權利的政府本位固然是政府對個人的侵權，但權利的社會本位卻有可能使權利本身被架空。社會不是一個實體對象，而是一種關係結構，構成這種結構的是無數具體的個人，這才是權利得以落實的基本單位。因此權利本位就是個人本位，權利只有落實到個人頭上才是權利的真正兌現。比如，我們幾十年來一直說「全民所有」，看起來很社會，可是我能指出其中屬於我個人的份額嗎？不能落實到我個人頭上的份額，就不是我的權利。政治權利也是如此，它不是什麼社會本位的權利，而是屬於你我他她的個人權利。就民選而言，這份權利只能表現為你我他她手上的每一張選票。

古人有云「惟楚有材」，這次湖南的民主還權，其實是有百年淵源的。1920年代，中國大地有過一次聲勢頗大的「聯省自治」運動，發起地正是湖南。後人關注「聯省」，其實它的核心價值卻在「自治」。因為自治就是民主，就是公民透過推選公權以自我管理。1922年的湖南省長既非來自北洋，亦非來自廣東軍政府，而是來自全湘七十四縣的選票。因此，去掉一個「聯」，湖南當時搞的就是民主表徵的「省自治」，而青年毛澤東則是當時的一個活躍分子。今天，湖南政壇欲還權於民，這是落實民主的大好事，不妨就從省內大地的縣鄉兩級做起，哪怕是試點。切不可把「還權」只放在嘴上，而不是落實在行動上。

反「還權於民」不是好文章

前不久，湖南政壇提出「還權於民」的口號，我當即撰文認同（〈「還權於民」中的權利本位〉）。正希望看到湖南地方能由口號轉為行動，誰知態度甫出，即無下文。過了不久，有動靜來了，這就是香港《文匯報》10月3日發表資深評論員劉斯路的文章〈「還權於民」不是好口號〉。如果可以順著這個題目往下講，我以為，這篇反「還權於民」的文章，不是好文章。

該文從三個方面批評「還權於民」，可惜，三點之中，沒有一點能站住腳。

該文認為：「第一，有關政府、政權、執政者和人民的關係，中央已經有了非常準確的表述，那就是『執政為民』，『為民執政』。……用『執政為民』就是一個準確和完整的表述，沒有必要再提什麼口號。」

什麼叫「準確和完整」？「執政為民」固然是一個準確的表述，但僅僅是它，肯定不完整。政府和人民的關係，在民主體制下，有三個維度，它的完整的表述，用當年美國總統林肯在葛底斯堡演說中的闡釋，是「The government of the people by the people for the people」，孫中山當時提供的翻譯是「民有、民治、民享」。只有這三個方面的集合，才稱得上完整。至於「執政為民」，是上述三個方面中的「for the people」，它的意思是「權為民所用」。但比它更重要的是「by the people」，即「權為民所授」。我們經常說的民主，指的就是它。如果離開民主，孤立地談為民執政；那麼，連皇權統治都不會反對。至少它也懂得，立君為民，且民之如水，可以載舟，亦可覆舟。劉氏抓住一點談完整，不諳民主體制的政治常識不說，而且很低級地犯了個形式邏輯的錯誤。

第二，「『還權於民』，令人生成歧義。還權於民，到底要還什麼權？……一個政府，一個政權，最主要的權力是行政權，這個權力本身就是人民賦予的。當今世界，有各式各樣的政治制度，但是都標榜行政權力來於人民，替人民施政。顯然，政府只有好好施政的問題，沒有把施政權還給人民的問題。」

還權於民，居然會有歧義？作者再次得衡量一下自己有關民主政治的知識。其實，提出者說得很清楚：「提高人民群眾參政的積極性；保障人民的知情權、參與權、表達權、監督權。」這裏例舉了四項公民政治權利，並無歧義。但，沒有歧義有不足，正如我前此指出，在這四項權利之前，還缺了一項更重要的政治權利，即公民選舉權利。民主體制，公民政治權利多多，但在排序上，選舉權利第一。沒有這個權利，其他權利未必能得到保證；另外，沒有民主選舉，該權力也沒有它的存在合法性。這正如後來作者所說：世界上有各式各樣的政治制度，但是都標榜行政權力來於人民。是的，古代社會，君權神授；現代社會，政權民授。但，作者用的詞是「標榜」，問題在於，權力標榜它來自人民，就來自人民了嗎？這裏只有一種檢驗方法，就看它是否經過「by the people」，這是一個透過人民的票選程序。權力如果自覺缺乏這一點，它就需要補。所謂「還權於民」的「還」，也就在此點睛。這裏不存在任何歧義。至於作者認為政府「沒有把施政權還給人民的問題」，這如果不是淆題，就是對民主知識的理解尚在水平線以下。人民從不要求施政的權力，但要求選舉施政者的權利。

「第三，『還權於民』的口號，很容易走到無政府主義的邪路。……『還權於民』的口號只會使人想起文化大革命。西方也不會用這個口號，而是透過三權分立制約濫權。今天北京逐步擴大民主政治成份，但也不可能搞無政府主義。」

把作為「還權於民」的民主，等同於走向無政府，甚至文革；作者的引申既危言聳聽，又不講邏輯。民主選舉，本來就是選政府，怎麼會變成無政府？當年孫中山的立國思想是「主權在民」，具而言，是人民有權，政府有能。有權的人民透過選舉，把權力授予給自己認可的政府。於是，政府才能施政、才能執行自己的各項職能。這裏的交互邏輯十分清楚，並不含糊。把「還權於民」與無政府相聯，這其中的玄機難免讓人懷疑，作者莫非怕的就是人民有權？文革是混亂，不是民主。民主是講程序的，文革則是法治意義上的整個社會脫序。脫序中的人民既沒有權力，也沒有權利。他們不但發動不了文革，而且是文革的受害。因此，「還權於民」與文革無關；認為人民有權則會導致文革，這更是對人民的傷害。另外，西方三權分立的問題，屬於權力自身分配；儘管必要，但，在分配之前，還有個權力來源的問題。這是一個過程中兩個方面，一個是民主，一個是憲政，它們先後有序，並不交集。就我國目下的政治體制改革而言，兩者都需要，一個都不能少。劉文也別想用一個取代或混淆另一個。

根據以上，〈「還權於民」不是好口號〉談的是民主政治，卻不懂民主政治，甚至反民主政治。正是在這個意義上，我要說，反「還權於民」不是好文章。

北京律協「嚴正聲明」的語用學

最近北京部分律師要求律協換屆民主直選，於是律協在它自己的網站上發佈「關於少數律師呼籲所謂『北京律協直選』的嚴正聲明」。與其說我關注該聲明的內容，不如說是它的語言使用讓我更感興趣。語言是思想和時代的直接表現，它既折射語用者內在的思維形態，又能反映語言本身所處的那個時代。

這是該聲明的第一段：「呼籲書中打著推動民主的幌子，直接質疑北京市律師協會的合法地位。隨後，以降低會費、改變稅收制度為誘餌，煽動廣大律師聲援所謂『北京律協直選』」。什麼叫「打著推動民主的幌子」？那些要求直選的律師，正是為了追求行業自治上的民主，才呼籲直選。他們的訴求很明確，並不陽奉陰違，怎麼叫打著民主的幌子呢。套用改革前的語言「打著紅旗反紅旗」，只有「打著民主反民主」，才合適這幌子的招牌。它不但用反了對象，退而言，這些律師即使打著民主的幌子，難道不是他們的權利。這權利還包括後面遭遇否定的「直接質疑」。一個律師如果連質疑自己協會的權利都沒有，那肯定是這個協會本身有問題。可是，我們看到的是，要求直選的權利成了「煽動」，要求降低會費的權利成了煽動的「誘餌」。權利（right）本身即正當（right），但在這樣的語境中似乎卻成了非法。這樣的語句聽來慣熟，好像是改革前那個時代的揭露敵情。語言的錯位，讓我感到語用者與時代夠脫節。

北京律協當然也民主，該聲明聲稱，律協是「按照行業規則進行民主決策、民主管理、民主監督。」這很好，但它卻疏忽了一條：民主選舉。選舉是民主的龍頭，有龍頭才能帶動龍身。如果它們身首未一，至少說明該律協的民主還不到位。因此，不是這些律師打著民主的幌子，而是他們想讓民主真正落實，並且是首位落實。律協如果貫徹民主就應該支持他們的呼籲才對。

可是我們看到的是這樣的語言：「任何人利用手機短信、網路等媒介，採取私自串聯的方式，以推動民主選舉為幌子，發表煽動性言論，在北京律師中製造謠言，蠱惑人心，試圖拉攏不明真相的律師支持所謂『北京律協直選』都是非法的。……其本質是妄圖擺脫司法行政機關的監督指導和律師協會的行業管理……。」這樣一個長句無法不讓我想起一個時代。凡是在閱讀上經歷過上個世紀午十、六十、七十年代的人都不會陌生這種語言，或者說，這是改革前那個時代的語詞在今天經典般地重現，而且高密度。

這裏有三個語詞可以分析：

一、「私自」。要求律協直選，是那些律師以公開信的形式發佈在網上，這是在陽光下的陽光作業，追求的是陽光目標，何私自之有？如果不是五十年代「策劃於密室，點火於基層」之類的思維，當不會有這樣的語言表達，它是威脅性的。然而，過去是一個聽不得一點不同意見的時代，今天，發表不同的聲音，比如針對律協，可以公開，也可以私自，兩者都是權利。「私自」不外表明它沒有獲得權力的同意，可是在公共領域，權利並不需要權力的同意，才能自由表達。在我看來，該聲明動用「煽動」、「蠱惑」這類對權利脅迫的語言表達自己的權力意志，是很不應該的。

二、「妄圖」。「圖」是一個人的內在想法，一個人有什麼樣的想法不可以，以至需要被打成「妄圖」。這只有在那個時代，那是個有思想罪的時代。一個人不僅不能亂說亂動，還不能（或不敢）哪怕是私下的胡思亂想（小心日記會洩露）。那個時代只有權力意志，沒有權利意志。權利只能服從權力的意志，否則就是「妄圖」。這個語詞的時代特徵如此明顯。但，我們知道，一個民主時代是沒有妄圖可言的。任何人可以有任何想法。哪怕就是想當總統，也是任何一個人的自由，而且他或她並不會受到任何警告。

三、「非法」。這是一個法治社會的辭彙，也是該聲明中幾乎唯一帶有這個時代氣息的語詞。可讓人不解的是，那些律師無論以上述何種方式要求律協直選，都是他們的權利，而且是憲法具文保障的基本權利。如果說它們「非法」，請問法據何在？相反，如果權力用任何方式（包括語言），阻礙這種來自民間的直選要求，才是非法，而且所非的還是憲法。律師的專業是法律，理應比我更懂法。但「非法」之說，讓我這個並非吃法律飯的人很懷疑該律協的法律專業水平。

一言以蔽之，該聲明的語言還是改革前政治全能時代的語言。這些充滿政治強勢的語用，如果不是語言的時代錯位，就是聲明的思維還停留在那個錯位的時代。

評《財經時報》停刊整頓的三條理由

9月末的一個下午，一位朋友來電問我《財經》是否停刊（因為我今年在該刊有一個隨筆專欄）。我很驚訝，沒聽說過這消息呀。即刻，朋友又告知不是《財經》，是《財經時報》，他同時傳來了網上下載的該報9月25日停刊整頓的公告：

「因為今年七月刊發的一篇企業報導被控失實，被上級主管機關認定為違反了『媒體不得異地監督』、『新聞採訪需履行正規採訪手續』、『重大、敏感新聞稿件刊登前需與被報導方進一步核實、交換意見』等新聞宣傳紀律，導致失當。上級主管機關決定對《財經時報》實施停刊整頓三個月的處罰。」

我沒有讀過《財經時報》，正如我不知道它的上級主管機關是誰。但讀過上述這段文字，我無法自抑地打開了word。一定要寫點什麼，我對自己說。這公告中的三條處罰即荒唐又不可思議，最好的辦法也許就是逐條批評。

「媒體不得異地監督」，我不知道這是什麼性質的紀律，但可以肯定它是對輿論監督的限制和干涉。權力在哪裏，監督就出現在哪裏。權力必須有界限，但對權力的監督必須無界限。權力的本性無孔不入，行使監督的媒體當然也必要無孔不入，否則談何監督。

監督就是監督，它沒有也不應有空間上的限制。照此邏輯，三鹿奶粉只能由石家莊媒體報導，襄汾尾礦潰壩只能由襄汾媒體報導。如果地方權力一手遮天，這樣的報導是否還能出來？最近的例子就是毒奶粉事發後，三鹿公司在報告中「請政府加強媒體的管控和協調」，而最早有關結石嬰兒的報導恰恰是遠在外地的上海《東方早報》。當本地媒體經常難以實施有效監督時，異地監督正是它的一種救濟，這正如一些要案經常因當地錯綜的權力關係，需要異地審理一樣。不一樣的是，審理畢竟還屬於司法權力，監督卻僅僅是媒體的一種權利。權力對權力，有時尚需尋求異地；權利對權力，如果堵塞異地，監督的權利就有可能完全落空。因此，本質地說，遏制異地監督，就是遏制監督本身。毒奶粉事發，國家高層正在強調輿論監督，可是在這份公告裏，我聽到的卻是相反的聲音。

什麼叫「新聞採訪需履行正規採訪手續」？面對突發事件，現場就是命令，記者應在他知道的第一時間到場，爭取發出獨家聲音。請問，他到哪裏去辦手續，又要辦什麼樣的手續？手續延誤了報導，是報導的責任，還是手續的責任？採訪是媒體的天然的權利，怎麼還要手續的報批，而且手續前邊還有什麼「正規」。這是不是意味著只有經過權力的批准，記者才能報導、才算正規？假如報導的權利不在媒體，而在批准媒體的權力，抑或，媒體沒有報導的自由，手續卻有批與不批的自由，那永遠不會有真正的報導。前幾天深圳「帝王俱樂部」夜間大火，死亡四十四人。次日，許多香港記者擁至現場，他們自由採訪，自由報導，這才是媒體採訪的正常的狀態。設若這時有誰要求記者出示什麼正規手續，否則不予靠近。這除了荒誕，只能表明權力對採訪自由的設障和阻撓。

至於重大敏感的報導要與被報導方「進一步核實、交換意見」，這本是記者自己的作業或選擇，構不成必須履行的紀律。記者採訪按照自己的「良心自由」，他可以交換意見，也可以不。只要報導真實，不真實由他負法律責任。上個世紀初葉，針對社會各種黑幕，美國媒體掀起一場揭發性的「掘糞運動」。難道記者在暴露那些見不得人的權力勾當時，需要和那些黑幕者「交換意見」嗎？1970年代的「水門事件」不可謂不重大、不敏感，但記者一定要進白宮，去尼克森那裏「進一步核實」醜聞真相嗎？關鍵在於，以毒奶粉為例，記者是否可以從三鹿企業那裏「核實」到任何真相？設若不能，又何必多此一舉。新聞採訪有它自己的行規和職業倫理，其中並不包含亦不必包含報導者與被報導者「交換意見」這一條。

我不知道《財經日報》的報導是否失實，我感到奇怪的是這種處理方式。如果是「虛假新聞」，被報導者完全可以狀告法院，以辨清白。可是現在是行政出頭，令其整頓。法治社會，這類問題最好法院解決而不是行政解決。退一步，即使行政解決，也要按法辦事。比如令其整頓的這三條，每一條都和憲法第三十五條所保障的言論自由齟齬。言論自由在媒體記者那裏即延伸為新聞自由，可是這三條無一不是對新聞自由的行政限制。該報上級主管認為該報舉措「失當」，在我看來，更加失當的應該是它。法治社會，新聞居然有「紀律」，這本身就是笑話。退一步，這樣的行政舉措即使有，每一條每一項，都應自覺照準憲法。否則，「違憲」的行政問責就應緊緊跟上。這裏，我個人希望《財經時報》能夠儘快恢復營運。如果繼續整頓，我要問責的是，是憲法大，還是新聞紀律大？

公權不入私室

現代文明社會，人的生活大致分為兩部分，一個是公共生活領域，一個是私人生活領域。前者，我們以公民的身份，亦即以公民所擁有的政治權利，透過民主選舉，產生國家政治權力。後者，我們的身份便不再是公民，而是一個自然人，以自我認可的方式，生活在屬於私人生活的空間裏。只要我沒有侵犯他人，誰都不應干涉我的私人生活；尤其是公共領域中的國家公權，更不能出面干涉。

這毋寧是國家公權干涉個人私權的一個例子。據今日大河網報導，南陽市公安局網路員警聲稱，他們在「進行日常檢查時發現其中一台電腦上複製下載有一部淫穢視頻」，因而決定對該市民「警告並處一千九百元罰款」。處罰的依據是公安部1997年製定的《電腦資訊網路國際聯網安全保護管理辦法》。這是該辦法第五條：「任何單位和個人不得利用國際聯網製作、複製、查閱和傳播下列資訊」。「下列資訊」的第六項是：「宣揚封建迷信、淫穢、色情、賭博、暴力、兇殺、恐怖，教唆犯罪……」等。顯然，該市民犯禁的是個人複製、查閱了有關淫穢和色情的資訊。儘管南陽警方為自己的處罰找到了依據，但這個依據在我看來，本身就有問題。

一個人在自己的私人空間中，有權以任何方式處置他自己的私生活。國家公權在私人並未侵犯他者的情況下，無論如何，不得進入這個空間。公權本來就是以選舉的方式來自個人，作為公民的個人把自己在公域中的一部分權利交出去之後，保留的是自己私人生活的全部權利。常理上，任何人都不會讓那個以自己同意所形成的公權反過來干涉自己的私生活，這等於自作枷鎖。因此，公權入侵私權，公權進入私人空間，在後者無涉他人的情況下，既不合法，也不合理。

這樣就不難看出上述「辦法」的問題。一個人在自己的私人電腦中即使下載、觀看並保留色情視頻，那也是他個人的權利，而且是屬於他個人的自然權利。所謂自然權利，借用《鹿鼎記》中韋小寶的口吻（大意）：長著一雙眼睛就是要看各種各樣的顏色，長著一雙耳朵就是要聽各種各樣的聲音，長著一張嘴就是要嚐各種各樣的口味。對此，公權沒有任何理由可以干涉。甚至，公權所以被需要，就在於作為公民的個人需要透過它來保護自己的各種私權。如果說二十多年前，連鄧麗君的歌都不准聽，因為它是「靡靡之音」；那麼到今天，電腦裏有一段黃色視頻，就要行政處罰，兩者乃是一個性質，它們都是公權對私權的不當侵犯。

即使在現行法律框架下，公權可以處罰在公眾中傳播黃色資訊，但無論如何，也不能處罰私人觀看。私人觀看的權利是消極的，它對社會無以造成任何破壞。如果它是一個問題，也頂多事關一個人在私室中的私德。但，可以用強制性的公權解決個人的私德問題嗎？再，公權可以進入一個人的私室嗎？如果答案是肯定的，那麼，前者將導致一個「政教合一」的社會（這是一個非法治的社會），後者將導致個人自由空間的最後的喪失。是的，一個人在私室裏都不能決定自己的眼睛看什麼或不看什麼，那麼這個社會就會集中營化。

公權不入私室。以公民的名義，我提請國家相關部門修改上述不合憲法精神的「辦法」條令。

文化多元要比一元好

2007聖誕時成都市教育局發佈通知，嚴禁學生上街過聖誕。消息披露後，網上展開討論。支持一方大多從文化角度著眼。有人認為國人熱衷聖誕反映了中國在文化上日益西化的趨勢。有人認為該教育局做得好，國家有關部門就應行使職責，對青少年進行正確引導。去年倡議慎對聖誕的十博士還認為這是該倡議的一次勝利。一言以蔽之，聖誕是需要抵抗的，包括使用行政權力，因為要警惕聖誕之類的西方文化對中國的文化侵略。

其實中國的聖誕不過是商家的運作和青少年的狂歡，反對聖誕的人卻文化上綱，讀出了侵略之類的文化內涵，可謂獨具隻眼。可這是一種什麼樣的文化心態呢，居然會有如此敏感的敵對意識。

文化是和自然應對的一個概念，凡是人為的都可以說是文化的。文化作為人的生產，它從來就是為人的，而不是和人敵對的。可是，恰恰是人有時要用文化來彼此對敵，「文化侵略」的說法即屬此類。我不知道這個詞的發明是誰，但我讀胡適時發現二十年代就有人用它反對西方文化了。胡適當然是反對這個詞的，愚鈍如我，也想不通文化會怎麼個侵略法。侵略一般是武化，所謂攻城略地，殺人奪命是也。可是，文化特別是像耶誕節這類的世俗性文化，不過是一種生活方式，不同於己，怎麼就成了個侵略呢？那些聖誕街頭歡騰的少男少女們，有被侵略的感受嗎？別說聖誕過了是春節，就是春節不春節了，都聖誕了，又怎麼樣呢？山河變色，還是民不聊生？較之春節甚濃的農業文明色彩，聖誕在年輕人的感覺中更多些現代氣息，你就讓它成為他們的生活方式而你不這樣，不就成了。一個社會，生活方式越多越好，而不是相反。同樣，作為生活方式的文化，也是多元總比一元好。

拒絕聖誕之類的西方文化，好象是為了捍衛自己的文化傳統，或保持傳統文化的純潔性。可是傳統文化中最吸引人的漢唐氣象，從來沒有拒絕和反對過外來文化的呀。也正因為如此，它才顯得那麼大氣。傳統文化中儒家也有「有容乃大」之說，要說繼承傳統，首先要繼承的就是傳統中曾經有過的這種文化精神。可是，今天反耶誕節、反麥當勞、反星巴克的文化論者，以拒絕他文化的方式來捍衛傳統文化。在這一點上，反傳統的肯定不是那些願意接納西方文化的人（比如胡適），而是他們自己，是他們在反傳統中最精華的東西。真是有必要檢視一下他們這種很不傳統的文化心態。當他們以強硬的態度試圖捍衛傳統文化時，我不知道這是他們的強大還是虛弱。傳統文化如果以他們的方式來延續，恐怕只會越來越萎縮。

文化就像一張胃，如果健康的話，各種食物來者不拒，而且都能消化，並轉化為自己身體所需要的各種養分。這張胃如果這也不能吃，那也不適應，那是胃本身出了毛病，在泛胃酸呢。此人的身體狀況當然也可想而知。為了胃好，就需要讓它能夠接納自己原先不適應的各種食物，而不是只讓它吃偏食。同樣，要保持自己的文化優勢，對他文化，最好的辦法不是拒絕而是寬容。寬容就是多元。一個能容納異己的文化肯定是健康的、豐富的；並且他文化最終是化到你的文化裏而非相反。日本就是一個例子。這個島國不憚於照搬西方文化，以至西方人都稱它為歐洲的「體外心臟」。可是，日本文化再西化還是日本文化而不是西方文化。就像西方再融納東方文化，它也是西方文化一樣。歐美諸國都有唐人街，它其實是西方文化斑斕中的一種景觀。雪梨的唐人街就在市中心最繁鬧的情人港附近，人家好像也沒說過什麼文化入侵。文化本來就是這麼化來化去的。你有一種文化，我有一種文化，你化我，我化你，結果是雙方都擁有了兩種文化。如果文化彼此不能化，那不是文化的悲哀而是人的悲哀。

文化侵略之說可以休矣。其實文化才是真正的和平使者，不用刀槍，也沒有硝煙。當然，有人說過這是和平演變。其實只有像前蘇聯體制的權力者才這樣說，這本身就帶有當年冷戰色彩的餘緒。今天，我們要做的與其是警惕所謂的文化侵略，不如警惕自己這種與人為敵和與文化為敵的心理畸形。

沒有師尊，何以道嚴

本期《南方周末》刊登了〈大學教師蕭翰的師道尊嚴〉，讀後頗為認同。尤其是讀他辭別課堂的「最後一課」，更是由衷欣賞。這是一個真正的教師，是教師中的稀有。一個大學生在其求學中能碰到這樣的老師，算是幸運。可惜，為什麼要辭職呢？這樣的老師於大學不是太多而是太少，蕭翰其實沒為學生想。

既然《南方周末》的題目涉及蕭翰和師道尊嚴，我就想借此談談師道尊嚴的問題。首先我要指出，「楊帆門」是一幕鬧劇，它令師生雙方蒙羞。我難以想像，一個老師會扯著一個學生的胳膊，尤其還是一位女生。也難以想像，一位女生會和老師大打出「腿」，居然踢上老師幾腳。大學是斯文之地，可是師生之間動手動腳，便把這斯文撕扯得乾乾淨淨。把這一幕釘在當代中國大學教育的「恥辱柱」上吧，讓它警醒我們，別讓這難堪的鬧劇再發生在我們的校園裏。

這裏有必要談及由這場風波帶出的教師職業倫理。我以為，一個大學教師應當恪守的倫理原則也就是這四個字「師道尊嚴」。這是一個久遠的文化傳統了，《禮記・學記》曰：「凡學之道，嚴師為難。師嚴，然後道尊」。這是師道尊嚴的緣起，也是它的古典解釋。如果在教師職業倫理的意義上，那麼師道尊嚴的現代解釋不妨是「師尊道嚴」。師，自然指的是教師這樣一種職業，道則是由這種職業所含括的精神價值的追求或體現。這兩者的關係是因果構成，其中重要的師尊。沒有師尊，何以道嚴。

所謂師尊，包含這樣兩種倫理關係，一是教師與自我的關係，一是教師與學生的關係。這兩種關係一言以蔽之，「尊」而已。如果前者要做到的是「自尊」，後者要做到的便是「他尊」，即尊重學生。這裏，我們不說什麼叫自尊和他尊，我們不妨說說什麼叫不自尊和不他尊。比如，一個老師在課堂罵人，且不管他出於什麼理由，他自己失了教養不說，同時也是對學生的不尊重。這就是既不自尊，也不他尊。更有甚者，如果老師在課堂上和學生發生肢體衝突，而且是老師先動手，那更是為師者顏面掃地，師生間的平等亦隨之蕩盡（這裏不討論學生倫理，比如對應教師倫理的「尊」，學生應該恪守的是「敬」）。

所謂師道尊嚴，是有師尊，才有道嚴。道是抽象的，師是具體的，抽象必須靠對象方能體現。子曰「人能弘道，非道弘人」就是這個意思。西方《聖經》中的「道成肉身」，亦同此理。道，泛泛地說，作為人與社會不可或缺的精神價值，如果不透過具體的人來體現，它又如何呈現自己呢？某種意義上，師不妨就是道的現身說法。退一步，作為一種現代職業，師如果在本分上並沒有天然體道的義務；但，無論如何，這種職業卻天然具有體道的可能。畢竟學生是從學的，教師站在講臺上，學生不僅向你學知識，無形中也向你學風範。假如一個教師尊重學生，至少平等之道就在其中了。反之，為師不尊，道亦稀形。

以上我所解釋的師道尊嚴在蕭翰身上體現得不錯，但我並非贊同他所說的一切。比如，「楊帆門」事件因學生蹺課而起，蕭翰聲稱「蹺課是自由的象徵」，這一點就未必不可以商榷。任何一個學校都有它的紀律，否則難以維持。一個學生到學校就讀，契約的意義上，就等於默認或自動接收其束約。違反了，他或她就要準備付出代價，這很公正（至於紀律是否必要，可以另外討論）。當然，商榷蕭翰，並非認同楊帆。在我看來，蹺課這種事，校方有紀律，教師有應對。比如我，也是一個教師，也會面對蹺課。這種事與其從嚴不如從寬。教師作為一種現代職業，它其實是在出售一種知識商品，教師和學生分別是這商品的賣方和買方。學生是以預付學費的方式逐日購買教師的知識商品，假如他對今天的商品不甚滿意，他是否可以不接受呢？就像我們自己到商店購物，買到手的東西不中意，也不妨棄之他去吧。再說，面對學生蹺課，靠點名和抓肯定不行，關鍵是要用課吸引學生。學生是天然向學的，所謂人不遠課課遠人。明乎此，為師者也就端正了對學生蹺課的態度。

我對教育部京劇樣板戲教育的異議

從「網易」上獲知「教育部對九年制義務教育階段音樂課程標準進行了修訂，增加了有關京劇的教學內容，並在十個省市區各選二十所中小學進行試點。」然後「在試點的基礎上逐步向全國推開」。「目前，十五首京劇教學曲目已經確定。」

這是教育部推行計畫教育或曰指令教育的又一舉措。作為從事教育的人，我對這種指令性方式以及由它所推舉的內容都不表贊同。一個音樂課都要全國一盤棋，還要步調一致聽指揮，這是一個國家辦教育的方式？教育的目標之一就是培養人的自主性，可是在那麼大的國土幅員內，教育本身如果不自主，它豈能培養人的自主。劃一的教育只能培養劃一的人，這樣的人只不過是批量生產的螺絲釘。京劇本是當年清宮所好，才得以弘揚和普及。為什麼江蘇不能昆曲卻偏要京戲。且不說新疆內蒙這些邊區完全可以因地制宜，甚至就是開設京劇課本身也未必不帶有長官意志的隨意性。理由總是現成的，下次為了借鑒西方古典文化，為什麼不可以開芭蕾。如果僅僅為了提高學生的音樂興趣，根本不勞教育部費心，有個指導意見的大綱足矣，其他完全可以讓各地自由選擇，京劇、昆曲、黃梅戲，什麼不可以。自由教育是教育的靈魂，我相信教育部的官員應該更明白這一點。

更讓我吃驚的是這種指令教育的事無鉅細。它連每個年級的曲目都作出了嚴格的指令，而且在這指令的十五首曲子中，泰半是文革那個災難歲月中的「革命樣板戲」。如果京劇是「國粹」，那麼，文革中的樣板戲肯定不是。文化大革命是大革文化命，革來革去，就剩下這八個樣板供八億人欣賞，今天教育部還要讓它給年少的中小學生欣賞。根據它的曲目數量，這不是京劇課，更具體地說，它是革命樣板戲課。是不是兩三百年來京劇貧乏到只能在這八個劇目中選擇？不是說「多數學生在傳統文化知識測試中得分很低」嗎？但透過這八個樣板戲能接觸到傳統文化嗎？悖論在於，文革就是反對包括傳統文化在內的「封資修」，可是，教育部今天卻要學生透過它來瞭解傳統文化。這真像是一幕反諷。

把指令曲目高密度地集中在革命樣板戲身上，這和那種指令性方式本身倒是高度吻合的。如果我們接觸一下曲目的內容，便可以明白指令者的指令就是要學生接受這樣的教育，以音樂感染的形式。這裏，已經不是樣板戲帶有那個時代的局限性的問題，而是我們今天應該給學生們什麼樣的教育。像指令曲目中這樣的唱詞：「血債要用血來償、誓把那反動派一掃光」，「革命到底永不下戰場」，「一切反動派統統埋葬」，「敵血飛濺石榴裙」等，我以為於中小學生十分不合適。這個年齡段的少男少女正處在精神成長或者精神吃奶的階段，所謂「吃什麼奶就長什麼肉」。正如我在我成長的那個年代，是吃著文革「狼奶」長大的，這一輩子都要和戾氣抗爭。那麼，按照《紅燈記》的唱詞：「栽什麼樹苗結什麼果，撒什麼種子開什麼花」，我們的教育是播種恨，讓他們「仇恨的種子要發芽」；還是播種愛，讓他們從小就認知「天下人類是一家」？在這個小小的地球上，已經充斥著人類的文明衝突、族群衝突、階級衝突、宗教衝突、意識形態衝突等，對此，我們的教育應該把學生往哪條路上引領？是的，教育所承擔的任務之一，是教會人寬容、多元和愛，而不是相反。因為由人類自己創造的文明其實比我們自己還脆弱，它經不起暴力與仇恨的打擊。

從這次教育部曲目的指令，我看到了尚未過去的那個時代的影子。在那個時代，教育不是教育，而是某種特殊意識形態的一部分。這兩者的區別是，如果教育的宗旨是對受教育者自身能力的養成或開發，意識形態則主要是灌輸。換言之，教育所培養的如果是健全的精神人格，意識形態或稱「主義教育」則只能培養連質疑都不會的信徒。更何況，那種特殊的意識形態放在今天已經經不起普世價值和公民教育的衡量。本來應該讓它結束它的使命，可是，它卻打算以音樂教育的形式重新進入我們的課堂，這無法不讓人憂慮，至少是我。

教育部無權要求全國學生集體長跑

從去年到今年，國家教育部先後在全國範圍內向中小學推廣交誼舞和樣板戲，對此，我以時評的形式分別提出過自己的不同看法。近日，媒體報導，由教育部、國家體育總局、共青團中央聯合開展的「全國億萬學生陽光體育冬季長跑活動」將於10月26日正式啟動。讀罷報導，我感到有再次批評的必要。

這項即將開始的冬季長跑活動，總里程以六十公里為基數，象徵新中國成立六十周年。小學生為一百二十公里，初中生為一百八十公里，高中生、高校學生為兩百四十公里。也就是說，在往後的半年時間裏，全國每一個小學生每天不間斷地要跑一千米，初中生一千五百米，高中生和大學生兩千米。這是來自國家最高教育行政當局的一項行政指令，它能得到有效的貫徹與落實嗎？它會不會就是開頭造聲勢，最終卻半途而廢，不了了之？我相信我的懷疑不無道理，畢竟它來自我長期在本土的生活經驗。

但，無論它有始有終，還是無終，我的問題是，教育部到底是否有權動輒就向全國大中小學生發出各種各樣的號召或指令。不錯，教育部的確是國家最高教育當局，但這是行政上的教育當局，它的工作與教育行政有關，因而其指令也應當是在教育行政範疇內。教育行政之外，比如全國中小學生們唱什麼歌、跳什麼舞，當不在教育部的許可權範圍內。至於冬季來臨，中小學生們是否需要跑步，更不需要教育部為之行文，這本是各地或各校甚至是學生各人的選擇自由。這次冬季長跑，教育部是以「通知」的形式下發，形同指令。把全國學生的唱歌、跳舞、跑步都給行政化，這是行政上的自我擴權，它讓行政囊括了教育上的一切。這對帶有自由本性的教育來說，實在不是一個好徵兆。

行政指令是劃一的，和前兩次一樣，冬季長跑的劃一範圍不是一個地區，而是全國。權力，尤其是上層權力，總有好大喜功的本能。這次活動的命名是「全國億萬學生陽光長跑」，所謂權力一揮手，億萬學生緊跟上。這是什麼時代的場景。改革前的時代，不僅是計劃經濟的時代，也是計劃教育的時代，這裏的計劃，就是行政指令。那個時代動不動就是全國一盤棋，可是，在體制需要深化改革的今天，教育體制反而更加計劃起來。學生跳舞要全國一盤棋、唱京戲要全國一盤棋，現在跑步又要全國一盤棋，下一步不知又有什麼要全國一盤棋，難道無數學生就是這棋盤上的棋子？不知這是不是改革前時代全民動員的政治習慣在今天教育體制中的沿襲。

教育，就受教育者而言，是一種權利；就教育行政機構而言，又是一種權力。它們之間的關係，是教育行政機構的權力為受教育者的權利服務。服務既然是前者的義務，它就並不合適主客倒置，不斷地、居高臨下地對受教育者發佈各種行政指令。即以這次長跑為例，億萬學生長跑幾乎牽涉億萬個家庭，它徵得過這億萬個學生家長的同意嗎？或者，它考慮過無數學生家長的意見嗎？並非每個學生都合適天天長跑，何況要持續半年。在我看來，學生應該有權拒絕這指令性的長跑，如果他或她感到自己不合適的話。

即使從技術層面，也可以看出這道行政指令除了權力意志，並未考慮實際效果。很多城市中的學校，囿於條件，無以提供那麼多學生長跑的場地，難道要上街去跑。出了交通事故怎麼辦？誰的責任？雲貴高原之類的鄉村學校，山地崎嶇，他們又到哪裏去跑？青藏高原適合長跑嗎？冬季霧多，長跑對學生的健康有利嗎？應試教育，學生負擔本來就夠重，天天必須長跑，這豈不是額外加重他們的負擔嗎？寒假怎麼辦，靠學生自覺，他們會不會糊弄和造假。如果果然如此，那又是誰導致的呢？所有這一切，不知道指令下達者考慮過沒有、論證過沒有，居然它就這麼出臺了，這是否輕率？

孩子和國家，誰該對誰負責

還是10月初，國家教育部發文要求全國大中小學生開展冬季長跑，時間半年。這一要求招致不少社會批評，但批評歸批評，活動照舊進行。不過，組織這一活動的一位官員近日在《羊城晚報》上對輿論批評作出回應。針對為國慶六十周年獻禮的長跑政治化（這也是眾多批評中的一個重要方面），該官員一邊表示「我們反對『去政治化』傾向」，一邊又說：「我們提的是『祖國』，沒有任何政治意味」。我不知道這兩種說法擺在一起，是否叫自相矛盾。

本來，鍛煉就是鍛煉，如同吃飯就是吃飯，有關的就是自己的身體。給它打上與其無關的政治色彩，無論國慶，還是其他，煩不煩呢。不，反對去政治化的官員很鄭重：「我們認為，如果每個孩子能認真鍛煉、認真地為自己的身體健康負責，也就是在為整個國家負責，孩子為國家負責而做的努力，為什麼不能說是為國慶獻禮呢？」這樣的表述夠政治，它所潛含的政治觀念也讓我夠吃驚。

如果孩子跑步是鍛煉，這樣的表述到此為止足矣，即「每個孩子能認真鍛煉、認真地為自己的身體健康負責，」善莫大焉。但，問題在於延伸，在什麼意義上，我們可以說孩子為自己負責，就是為整個國家負責。它所隱含的問題是：孩子對國家負有責任嗎？進一步，孩子和國家，誰該對誰負責？

在我看來，孩子在任何意義上，都不需要對國家負責。這裏需要指出，該官員在解釋長跑活動時，一會兒是國家，一會兒是祖國。這是兩個並不完全相同的概念，這裏需要辯明。很清楚，這次長跑是為國慶六十周年獻禮，因此這裏的「國」指的是1949年開始建政的共和國。它和我們祖祖輩輩生活在這個土地上的祖國，有著內涵上的交集和差異。就差異言，土地意義上的國家是英語中的country，而制度和行政區劃意義上的國家，在英語中是state。如果「祖國」這個概念可以沒有政治意味，它是自然性的；那麼，state作為國家，它恰恰是政治性的。這裏，獻禮的對象既然是六十年來state意義上的國家，那麼，我得告訴這位官員，孩子不需要對國家負責，相反，倒是國家需要對孩子負責。在孩子和國家的對待關係中，責任主體無疑在國家不在孩子。國家是一個權力對象，孩子則是權利對象。在現代國家中，權力有義務對權利負責，權利，尤其是孩子的權利卻沒有義務對state這個國家負責。這裏的關係不應顛倒，亦即state不能也不應向孩子提出任何對它負責的要求，倒是孩子有權利向它提出對自己負責的要求（比如，我不要在一震就倒的教室裏上課，我不要吃三鹿奶粉）。國家（state）如果在這些問題上未能盡職，權利（孩子的和成人的）還有權利向它問責。

可是，在這位官員的觀念中，孩子似乎是有責任的。長跑就是他為國家負責做出的努力，而且是獻禮。其實，孩子可以根據自己的課業和身體情況，為自己長跑或不跑，他並不需要為國家跑。此即他如果身體健康，就是自己身體健康，並不同時顯示他是為國家負責（難道孩子身體不健康，就是對國家不負責嗎）。如果一個人幹什麼都要聯繫上國家，猶如過去那個年代，身體居然是革命的本錢，這種「泛政治化」的傾向，不宜提倡。它無形中把國家變成了主體，人（孩子）反而成了工具。另外，如果選擇把長跑作為孩子的獻禮，那麼，為什麼不可以倒過來，讓國家給孩子獻禮。在我看來，國家慶祝之際，權力者本該想辦法代表國家給全國的孩子獻上一份厚禮，因為他們是明天。然而，我們的教育權力，卻要求全國孩子給國家獻禮。殊不知，state意義上的國家，是一個權力對象。關係於是清晰，本次長跑，是國家教育部動用手中的權力，讓全國學生用長達半年的跑步，向作為權力對象的國家獻禮。這是權利向權力的獻禮，而且是出自權力本身的意志。

好了，現在我既不想說權力，也不想說國家，我只想說成人。我覺得我們這些成人，特別是握有權力的成人，往往成人不成器。為什麼老想點子去折騰孩子呢？孩子的書包減輕了嗎？他們的課時減少了嗎？應試的狀況改變了嗎？如果這些都沒有，指令式的長跑，而且半年，難道不是加重負擔。真想告誡那些成人，別再向孩子提什麼要求了，多想想我們為孩子做了些什麼吧。汶川地震中倒塌的教室追究了嗎？那些離我們而去的孩子瞑目了嗎？讓孩子腎結石的兇手刑求了嗎？那些患病的孩子得到應得的補償了嗎？

2008這一年，我們成人世界，最對不起的就是孩子了。

讓卑微的更卑微

貴州省黃平縣教育局要求該縣學生路遇車輛一律舉手敬禮，報導出來後，議論很多。本可以默聲不語，但，不止一次打開那張圖片，每次都陷入長久默然。默久，便忍不住要出聲。

這張圖片給我的視覺感受就是不平等，而且很強烈。三個農家孩子肅立路邊向車敬禮，那輛轎車則把它的背影留給了我們。從構圖上看，轎車佔據了整個山道的半個路面（對面正有車過來），三個孩子已經縮至路崖，退無可退，再退便退下路基。從路權角度，人、車兩方已經構成路面分割的不平等。本來，景行行止，各行其是。是孩子自覺讓度路權，讓車直行而過。如果這是人讓車，那麼，在西方社會，車行路口，又往往是車讓人。它主動讓行人先透過，讓行人路權優先。行人和車輛，正是透過不同場合的先後避讓，體現了人與車亦即人與人的平等。可是這幅圖片，在那逼仄的路崖上，已經自然處在不平等一方的孩子，還要停身、立正、注目、敬禮。如果剛才人讓車的不平等，是一種自然避讓；那麼，出讓路權的一方，反而要向承讓方行禮，這勢必造成兩者間的更不平等。並且這個不平等不是自願，而是被要求。這等於是人為地製造馬太效應，讓強勢的更強勢，讓卑微的更卑微。更有甚者，該舉措已經推廣四年，當地孩子業已沿為習慣。行為習慣導致心理習慣，見車行禮如果習慣成本能，這是對人的天性中的平等意識的戕害，無形的戕害。戕害的影響，在孩子的成長中將會持續久遠。看著圖片，心中不免酸痛。怎麼會有這樣的成人，對孩子提出這樣戕害他們的要求。

如果說這樣的要求在我看來是「只拍腦袋、不動腦子」，但該縣教育局卻提供了這樣的解釋：中小學生向過路車輛敬禮是該縣推廣的一種禮儀方式。其目的首先是教育學生應把講文明、講禮貌落實在實際行動上。理由很堂皇。中國既然是禮儀之邦，中國文化既然是禮儀文化，以禮儀要求學生，當無不妥。但，這裏需要究詰，中國禮儀文化，到底是一種什麼文化。

所謂禮儀之「禮」起自周公，它體現的是一種以血緣為基礎構建起來的等級秩序。人人都在這個秩序中，並處於各自不同的位置上。關鍵在於，這些位置不是平等的，它顯示為身份、地位上的「差序格局」，比如君君臣臣、父父子子，甚至夫夫妻妻、兄兄弟弟。這樣的關係還可以外推。為了維護差序，「禮」由制度推演出一系列禮儀。但，禮儀之禮，主要針對的是差序格局中的下位，它是對下位提出的各種要求和規範。比如，臣見君之禮，子見父之禮，民見官之禮，等等。並且，禮本身也不斷被意識形態化，《左傳》強調：「夫禮，天之經也，地之義也，民之行也。」《禮記》則稱：「修六禮以節民性。」可見，禮儀文化庶幾是一種訓民文化，是對民的言語、形容、行為、心性的節制與規訓。

在這個意義上，我不妨說，中國禮儀文明是一種「權力文明」。如果說中國傳統文化以權力為本位，那麼，禮儀就是權力本位的文化外觀。權力與禮儀，彼此相表裏。不悟此點，便與中國文化隔了一層。禮儀的功能要在讓權利對權力抱持充分的敬意乃至敬畏，古代如此，今天亦然。即便圖中孩子向車敬禮，這禮儀之後，亦含有上述權利和權力之關係。當然，這裏的權力不是指國家行政領域中的權力，而是指兩種權利之間的力量對比。在社會學的意義上，權力可以在各種境遇中隨時生成。權利兩方或多方，如果其中一方力量強大，並對他方形成威懾和支配，即為權力。因此，不管開車的是誰，車子和行人，已經構成自然力量上的反差。當車子在孩子面前顯示其強大和快速時，路權已經成為車子的權力，相應地，孩子的路權則壓縮為避讓的權利。這時要求孩子對車行禮，假如車輛不斷流過，孩子不斷舉手，這無異於對孩子虐待式的規訓與懲罰。

「說大人，則藐之，勿視其巍巍然也（孟子）。」我不想對當地教育權力說什麼，只想把孟子的話送給那些敬禮的孩子們。

公民課闕失的世紀背景

華東政法大學楊師群老師因授課時結合講授內容對中國文化和政府有所批評，被學生告發。此事來自楊本人的博文，文中說：「記得下課時有二位女同學找我，憤慨地指責我怎麼能批評中國文化！批評政府！甚至眼睛裏已經含有淚水。」此事如真，我很願意相信這兩位女生的真誠，因為這種女生，我亦見過。2007年底曾在京華某校作過一次講座，自由提問時一位女生分明漲紅著臉向我質問。她當時使用的語言讓我吃驚，這是接受的什麼教育啊。人是語言的動物，一個人用什麼樣的語言說話就表明他是什麼樣的人。然而，人的語言狀況即是他所受教育的狀況。如果三聚氰胺奶喝多了，也就成了三聚氰胺人。

因此，僅僅在認知上，那兩位女生無可厚非，需要反思的倒是我們給學生提供的教育。這裏的教育不是專業教育，而是在所有專業之外應為每個學生所接受的公民教育。如果那兩位女生懂得公民知識的ABC，也就不至含淚指責了。是的，在公民與政府的關係中，批評政府是每一個公民的權利，老師當不例外。當然，世界上有兩種政府，一種是選舉性的，一種是非選舉性的。前者可以批評，後者則不可。如果政府權力經由公民選舉，公民當然有權批評它；如果一個政府不可以批評，說明它不是由民選產生的。

不妨給這兩位女生包括其他同學講一則有關胡適的小故事。胡適1929年就人權問題批評國民黨，曾引起國民黨各黨部的一度圍剿。後來胡適把他和羅隆基、梁實秋批評國民黨的文章編成一本小書，叫《人權論集》。在該書序言中，胡適說：「我們所要建立的是批評國民黨的自由和批評孫中山的自由。上帝我們尚且可以批評，何況國民黨與孫中山。」當時國民黨剛上臺不久，它以革命黨自居而不准人家批評，誰要批評它就是「反動」和「反革命」，這也正是當時扣向胡適頭上的兩頂帽子。胡適當時也是在上海的一所大學教書，而且是這所學校（中國公學）的校長。因為批評國民黨，他被當局行文警告過，他的朋友羅隆基更被員警抓到局子裏去關押過。胡、羅因批評政府而蒙此遭遇，只能說明該政府不是民選政府。

大學生如果有時間，不妨讀讀胡適。胡適論著充斥著豐富的公民課的內容。凡是讀過胡適的人，便自然明白公民何以有權批評政府。畢竟，政府並非神聖，它是由作為公民的人充任。如果人會犯錯，政府也有可能，那麼，它為什麼不可以批評呢。這裏強調胡適，是從這兩個學生的表現看，她們未必缺乏公民課，而是缺乏胡適意義上的公民教育。畢竟我們的國民教育有公民課的課程，這兩位學生應當在課堂上接觸過。不僅如此，就是國民政府時代，公民課也是部頒課程之一。但，問題在於這個公民教材是如何編寫的。如果學生上過公民課，還認為政府不能批評，這個課至少就很不成功。

回望歷史，公民教育的不成功有著深遠的世紀背景。還是在新文化運動時代，《新青年》上有一則《美國公民學》的廣告，曰：「是書為美國學校通用課本。首述公民之初步，次述公民與政府之關係，次述公民於經濟上之義務，次述公民與社會之關係，次述公民與國際之關係……」這其實是一份公民學大綱，其中最重要的便是公民與政府之關係，所以它位居諸關係之首。但，遺憾在於《新青年》中途轉向，由美英而蘇俄。後來的國民政府又「以俄為師」，諸凡政府一切，俱受蘇俄影響。以致公民課的內容，是蘇俄體例而非美英體例。比如，1928年由中華民國大學院審定的《高級公民課本》，開篇第一就是「打到帝國主義」，這不是公民課，而是蘇俄式的政治課。又如1933年由商務印書館出版的小學校高年級《公民教科書》（第四冊），它的目錄分別是「以黨治國、建國大綱、五權憲法……」，這依然不是公民課，而是政治課，是當局對學生進行的主義教育和黨化教育，但卻批了公民課的外衣。這樣的教育灌輸之後，如果有學生指著胡適的鼻子說「你反動」，當不足為奇。

殷鑒不遠，正在夏後之世。受蘇俄影響，一個世紀以來，公民課往往變成了一面倒的政治課。這樣的課，不會有公民與政府之關係，有的只是在政治面前，公民對它的服從和義務。這樣的公民課襲其形而遺其神，與真正的公民教育適得其反。作為一種世紀症候，現在是需要讓它成為歷史的時候了。最後，我願給大學生一個建議：公民課，不妨就從讀胡適開始；讀胡適，不妨就從他的《人權論集》開始。

課堂裏有沒有政治的位置

「楊師群事件」引發討論的一個問題是，課堂裏有沒有政治的位置，亦即一個教師在授課時是否可以旁及政治並表明自己的觀點。比如《中國青年報》上有海外學人對楊師群的批評，其理由即「學術自由不是向學生灌輸政治觀點」。持此觀點的，網上亦不乏其人。其實，這個問題不是一個新問題，早在上個世紀的1919年，德國社會學家馬克斯・韋伯在慕尼黑大學給年輕的大學生作過兩次講演（「以學術為業」和「以政治為業」，簡稱「學術與政治」），其中第一個講演就專門涉及學術與政治。他的觀點對我們今天的問題討論當不乏啟示。

在表象上，那位海外學人的看法和韋伯頗接近，因為韋伯的態度很明確：「在課堂裏沒有政治的位置」，也就是說，一個教師不應該用個人的政治觀點和傾向塑造學生。韋伯認為，學術的遊戲規則是但涉事實，無涉價值。因此，一個教師在課堂上對講授對象所能做的，就是確定事實，確定其邏輯關係或數學關係，至於個人對它的傾向、態度，則盡可能抱持價值中立。那麼，什麼叫事實與價值？如果事實是一個有關對象的「是」的問題，價值則關乎「應當」。在一個價值多元的世界，你有你認為的「應當」，他有他認為的「應當」。只要不彼此強制或傷害，各種應當在認知上都可以共存，這既是自由，也是寬容。因此，一個教師把對象是什麼給學生分析清楚就行了，讓學生在這個基礎上形成他們各自的「應當」，而不必把自己的「應當」統一灌輸給學生。

韋伯甚至以民主為例。如果一個老師在課堂上講授民主，他應該做的是什麼呢？他不妨舉出民主的不同形態，分析它們各自不同的運行方式，指出這種形式和那種形式的民主給社會生活帶來的各種後果。最後，他還可以把民主和不民主的制度進行比較，事實層面上的比較。這樣他的課就可以結束了，至於對民主的意見，那是學生自己的事。

我很心儀這種引而不發式的自由主義教學，至少它不是簡單的政治灌輸。但對韋伯的理解並不能到此為止，至少有兩點需要進一步闡釋。第一，韋伯反對把政治搬進課堂，主要指的是「黨派政治」。一戰期間，慕尼黑大學學生分為反戰和主戰兩派，他們經常在課堂上包圍講臺，大聲喧譁，反對和自己觀點不同的教師。韋伯對此感到痛惜，他之反對政治進課堂正因這些學生而發。轉對教師，韋伯的態度同樣如此：「就教師而言，黨派政治同樣不屬於課堂」。一個正直的教師，其職責是教會學生認清事實，哪怕這是「那些相對於他們的黨派觀點而言不舒服的事實。」何為黨派政治，以上那位海外學人有個現身說法，他說他在美國上課，自己分明支持民主黨，卻不敢說共和黨不好，怕學生告他「利用課堂灌輸自己的政治觀點」。支持民主黨或共和黨，在課堂上為其唱讚歌，拉選票，這就是黨派政治。反對黨派政治進課堂，這才是韋伯課堂上沒有政治位置的本意，畢竟黨派政治無以避免其政治傾向。比如這位海外學人，如果在課堂上談民主並無不妥，學生也不會說他灌輸；但他支持民主黨肯定不行，至少這對那些傾向共和黨的學生就不公平。

第二，如果黨派政治應該驅逐課堂，讓它轉移到廣場；那麼，課堂是否就一定與政治絕緣？非也，政治本身就是學術對象之一，課堂上既可以專門談，也可以旁及。事實上，以上韋伯舉例時，自己就把民主搬進了課堂。不過，民主進課堂，在美國大學幾無意義，因為民主在美國立國之始就已經制度化了，談論已為多餘。相反，在一個前民主社會，一個教師因為需要，在課堂上言及民主，不僅無可指責，而且應當視為權利。此刻，他甚至不需要韋伯式的價值無涉，因為韋伯講演的語境是一個民主化了的社會。民主社會的政治是黨派政治或政黨政治，這是一種利益政治，對此，教師在課堂上當然需要保持價值中立。前民主社會不然，民主還是一個目標，相對於獨裁和專制而言，它還是一個具有制度普世性的目標。因此，教師如果在課堂上談民主，當然可以不憚於表明其觀點或傾向，並以此引領學生，因為這是在傳播普世價值。

就第二言，需要補充的是。一個教師在課堂上談政治，不應當把它同化於政治牢騷，它應該是理念形態和分析形態的。又，教師的任何觀點，包括民主，都可以而且應該接受學生的質疑和批評。課堂不是權力的場所，而是平等的空間；正如同師生關係，不是領袖和門徒的關係，而是可以切磋的對手。

三十年和四十年

這是太平洋兩岸的兩個國家三、四十年來發生的歷史。

2008年，是中國改革開放三十周年的紀念。一年下來，國內媒體用很大的動作表示慶賀。比如這類標題「為中國喝彩」、「感受巨變」、「輝煌三十年系列特別報導」等，舉目皆是。三十年的變化人所共睹，而且我們正處在一個更縱深的改革——政治體制改革的過程中。這時我們不妨抬起眼來，遠眺大洋對岸，看看人家發生了哪些變化。

2008年，美國發生的一件舉世矚目的事，便是奧巴馬當選國家總統。黑人進白宮，在美國這個傳統的白人國家不但歷史上前所未有，而且如此艱難的路程，美國用了四十多年的時間。如果瞭解這個國家的歷史，我們不難知道，至少在1960年代，它還是一個種族歧視的國家。那時，我當童年，從《中國少年報》上美國給我印象最深的就是三K黨。披著白色的長袍，戴著面罩般高而尖的白帽，只露出兩隻黑洞洞的眼，真正的白色恐怖。他們面對著鏡頭，身後是傾斜的絞架，一個上身赤裸的黑人吊在上面，耷著腦袋，他或許死了。這是一個私刑場景，無論真假，深刻在我的童年記憶。當然，如果這是極端，那麼，種族隔離至少在美國南方很普遍。黑人不能和白人共乘一輛汽車，黑人的孩子也不能和白人共進一所學校。黑白色的不平等，把美國撕扯為兩個世界。

1960年代，美國黑人民權運動風起雲湧，最傑出的人物就是馬丁・路德金。他的「我有一個夢」早已家喻戶曉。在他那一連串的夢想中，金牧師只是希望黑白平等，「黑人兒童與白人兒童攜手並肩，親如手足」。但他不會夢想，有一天黑人會執掌一直屬於白人的白宮。但這一天在四十多年之後，竟然成了現實。歐巴馬的當選，徹底圓了金牧師的夢。兌現這個夢，美國用了四十多年。長，還是短，那要看你用的是什麼尺度。

還是在伯明罕監獄，金牧師憂慮「公正被耽誤太久，也就是公正被否定」。他慨歎「亞洲和非洲國家正以噴氣機的速度衝向政治獨立的目標，而我們卻以老牛破車的步速去爭取在便餐櫃台喝上一杯咖啡。」不過金牧師不知道，當年那些獨立了的亞非拉，基本上都淪入獨裁。平等沒有，民主沒有，公正也沒有。美國是依靠它的立國理念和制度，終於讓黑白走到了一起，這兩種顏色猶如一盤可以平等對弈的圍棋。

一個三十年，一個四十年。太平洋左岸和右岸，兩個地緣意義上的大國，它們各自以走過的歷史和發生的變化，向世界亮相。這其實也是一種對比。正如時間有落差，變化是否也有？歐巴馬的當選，其符號意義是平等和民主，這也是人類社會普遍的價值訴求。三十年來，全體中國人努力走在這條路上，改革的每一點進步，都是全社會長期努力的結果。但，我們並不滿足，就像金牧師當年向亞非找差距，我們是否也可以和彼岸共丈量。至少在社會和政治的改革上，我們也要有當年金牧師的緊迫感。社會平等，在中國是城市和鄉村，正如在美國是黑人和白人三十年前的改革，是從農村起步；但，農民遷徙自由，還有多長的路，才能跨越城市戶籍的鴻溝？政治民主，是中國政改的首要；拷問一下自己，一個基層鄉長的直選，我們推廣了多少年頭？

可以不在乎距離，不可以不在乎時間。時間是歷史的刻度，三十年過後，歷史需要我們重新制定時間表。

國家圖書館出版品預行編目

搬起石頭砸頭：中國大陸時事短評100篇（2005-2008年）/ 邵建作. -- 一版. -- 臺北市：秀威資訊科技, 2009.10
面； 公分. -- (社會科學類；PF0041)
BOD版
ISBN 978-986-221-286-8 (平裝)

1.中國大陸研究 2.時事評論

574.107 98015521

社會科學類 PF0041

搬起石頭砸頭

——中國大陸時事短評100篇(2005-2008年)

作　　者 / 邵　建
主　　編 / 蔡登山
發 行 人 / 宋政坤
執行編輯 / 黃姣潔
圖文排版 / 黃莉珊
封面設計 / 蕭玉蘋
數位轉譯 / 徐真玉　沈裕閔
圖書銷售 / 林怡君
法律顧問 / 毛國樑　律師
出版印製 / 秀威資訊科技股份有限公司
台北市內湖區瑞光路583巷25號1樓
電話：02-2657-9211　傳真：02-2657-9106
E-mail：service@showwe.com.tw
經 銷 商 / 紅螞蟻圖書有限公司
台北市內湖區舊宗路二段121巷28、32號4樓
電話：02-2795-3656　傳真：02-2795-4100
http://www.e-redant.com

2009 年 10 月　BOD 一版
定價：390 元

讀　　者　　回　　函　　卡

感謝您購買本書，為提升服務品質，煩請填寫以下問卷，收到您的寶貴意見後，我們會仔細收藏記錄並回贈紀念品，謝謝！

1.您購買的書名：________________________

2.您從何得知本書的消息？

　□網路書店　□部落格　□資料庫搜尋　□書訊　□電子報　□書店

　□平面媒體　□ 朋友推薦　□網站推薦　□其他__________

3.您對本書的評價：(請填代號　1.非常滿意 2.滿意 3.尚可 4.再改進)

　封面設計____　版面編排____　內容____　文/譯筆____　價格____

4.讀完書後您覺得：

　□很有收獲　□有收獲　□收獲不多　□沒收獲

5.您會推薦本書給朋友嗎？

　□會　□不會，為什麼？______________________________

6.其他寶貴的意見：________________________________

____

____

____

讀者基本資料

姓名：________________　年齡：______　性別：□女　□男

聯絡電話：______________　E-mail：________________

地址：____

學歷：□高中(含)以下　□高中　□專科學校　□大學

　　　□研究所(含)以上　□其他______________

職業：□製造業　□金融業　□資訊業　□軍警　□傳播業　□自由業

　　　□服務業　□公務員　□教職　□學生　□其他__________